AF452480

INSTITUT DE FRANCE.

NOTE

SUR

L'AÉROSTAT A HÉLICE

CONSTRUIT POUR LE COMPTE DE L'ÉTAT,
SUR LES PLANS ET SOUS LA DIRECTION

DE M. DUPUY DE LÔME

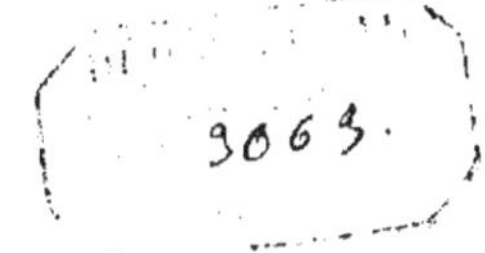

Note remise en décembre 1871 à la commission chargée de suivre les essais,
puis lue à l'Académie le 5 février 1872.

EXTRAIT DU TOME XL DES MÉMOIRES DE L'ACADÉMIE DES SCIENCES.

PARIS
TYPOGRAPHIE DE FIRMIN DIDOT FRÈRES, FILS ET Cⁱᵉ
IMPRIMEURS DE L'INSTITUT DE FRANCE, RUE JACOB, 56

M DCCC LXXII

MÉMOIRES

DE L'ACADÉMIE DES SCIENCES

DE L'INSTITUT DE FRANCE.

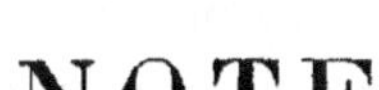

NOTE

sur

L'AÉROSTAT A HÉLICE

CONSTRUIT POUR LE COMPTE DE L'ÉTAT,

SUR LES PLANS ET SOUS LA DIRECTION

DE M. DUPUY DE LÔME

Note remise en décembre 1871 à la commission chargée de suivre les essais,
puis lue à l'Académie le 5 février 1872.

C'est le 29 octobre 1870, pendant le siége de Paris par
les armées allemandes, que le gouvernement de la défense
nationale m'a chargé de faire exécuter, pour compte de l'État,
un aérostat dirigeable, conçu conformément aux vues que
j'avais exposées à ce sujet à l'Académie des sciences dans la
séance du 17 du même mois. Un crédit fut ouvert à cet effet

au ministère de l'instruction publique, chargé de solder directement les dépenses en matière et main-d'œuvre qu'en-
traînerait cette construction.

J'acceptai cette mission après m'être assuré du concours
de M. Yon, aéronaute, ayant déjà construit un grand nombre
de ballons ordinaires, libres ou captifs, et dont l'intelligence
et le savoir pratique devaient compléter ce qui me manquait à
cet égard. M. Yon m'a donné en cette affaire son temps et
ses soins, en refusant toute indemnité.

J'ai été aussi aidé dans les nombreux détails de cette construction par M. Zédé, ingénieur de la marine, mon collabo-
rateur habituel depuis de longues années, et qui me secondait
déjà dans tous les travaux que j'avais à faire exécuter comme
membre du comité de défense.

Toutefois je ne me dissimulais pas les difficultés que j'al-
lais rencontrer dans une œuvre différant si radicalement de
la confection des ballons ordinaires, et entreprise sans autres
ressources que celles contenues dans Paris assiégé, avec son
industrie désorganisée.

Je pouvais cependant espérer que mes efforts, joints à
ceux de mes zélés collaborateurs pourraient faire arriver à
bien notre entreprise assez à temps pour qu'elle pût servir
pendant le siége même.

Nous n'avons pas eu cette satisfaction : c'est à grand'peine
et après bien des recherches, que nous avons pu trouver
dans Paris la quantité de taffetas nécessaire en qualités suffisamment homogènes. La préparation de l'étoffe au caoutchouc a ensuite entraîné de nouveaux retards qu'il nous a
été impossible de conjurer, par suite de la nécessité de faire

exécuter ce travail avec un outillage qu'il a fallu approprier et avec des ouvriers à former.

Cette préparation de l'étoffe était cependant terminée dans les premiers jours de décembre et l'exécution des détails de machinerie avançait rapidement, grâce au concours des plus empressé de M. Clarapède et du personnel de son usine, mis par lui à ma disposition pour la confection de l'hélice, de son treuil, du ventilateur, des installations de la nacelle, du laveur et du sécheur de l'hydrogène pour gonflement du ballon.

Quand nous avons pu commencer la couture dans le local fort peu clos qui m'avait été assigné à cet effet, au palais de l'Industrie, sont survenus les froids intenses d'un hiver exceptionnel. Le chauffage était presque impossible, le combustible même nous a fait défaut complétement à diverses reprises. Les ouvrières ne pouvaient être alors maintenues à leur travail.

Toutefois l'aérostat était presque achevé, lorsque l'entrée de l'armée allemande dans le quartier des Champs-Elysées m'obligea à en faire enlever en toute hâte les divers organes, qui furent alors disséminés dans plusieurs locaux de la capitale. Ballon et ballonnet, chemise, filet, nacelle, hélice, treuil d'hélice, ventilateur pour gonflement du ballonnet, appareil de production du gaz hydrogène, appareils servant au lavage et au séchage de ce gaz, etc., tout fut sauvé, mais non sans de nombreuses détériorations.

M. Jules Simon, ministre de l'instruction publique, m'ayant engagé à continuer, même après le siége, cet essai d'un aérostat dirigeable, en raison de l'intérêt scientifique qui s'attache à ce problème, je me remis à l'œuvre aussitôt que

cela me fut possible. Les réparations nécessaires étaient en
train, lorsque l'insurrection du 18 mars et le second siége
de Paris, qui en a été la conséquence, m'obligèrent de nouveau
à ajourner l'essai de l'aérostat. Il fallut encore une fois se
borner à en mettre les organes en sûreté. J'ai fait reprendre
les travaux dès que la situation des choses me l'a permis,
d'abord, dans un hangar appartenant à M. Yon à Vincennes ;
mais ce local ne se prêtait pas à l'opération du gonflement.
Après diverses recherches infructueuses pour trouver un lieu
convenable, je m'adressai au ministre de la guerre, M. le
général de Cissey, qui a bien voulu m'autoriser, le 7 octobre
dernier, à réunir les divers organes de mon appareil dans le
manége du fort neuf à Vincennes, afin de l'y préparer pour
un essai aussitôt que cela serait possible. Tout y étant au-
jourd'hui disposé à cet effet, M. le ministre de l'instruction
publique a nommé une commission spéciale pour constater
la remise à l'État de l'ensemble de l'appareil et procéder
à l'essai que j'ai eu l'honneur de lui proposer de faire sans
plus tarder.

J'ai en conséquence rédigé la présente note pour la re-
mettre à cette commission.

DESCRIPTION DE L'AÉROSTAT.

Une fois engagé dans l'étude des plans d'exécution de l'aérostat à hélice, j'ai été conduit, tout en conservant les données principales que j'avais exposées à l'Académie des
sciences, à modifier quelques dispositions et quelques di-

mensions, notamment en ce qui concerne l'hélice, son emplacement et le mode de suspension de la nacelle.

Tout en me référant au compte rendu de la séance de l'Académie, du 17 octobre 1870, il est donc nécessaire de donner à la commission une nouvelle description détaillée de l'appareil que j'ai fait construire pour cet essai de navigation aérienne.

Je commence par poser en principe que, pour obtenir un aérostat dirigeable, dans son mouvement horizontal à travers l'air ambiant, quelle que soit d'ailleurs la forme donnée au ballon-porteur ainsi que la nature du moteur et du propulseur, il faut tout d'abord pouvoir satisfaire aux deux conditions ci-après :

1° Obtenir la permanence de la forme du ballon sans ondulations sensibles de la surface de son enveloppe, ni sous l'action du courant d'air produit par la vitesse de translation, ni sous l'influence des abaissements de température, ni sous celle des accroissements de pression atmosphérique, lors des descentes partielles ou totales.

2° Donner au ballon porteur ainsi qu'à tout l'ensemble de l'aérostat un axe bien prononcé, de moindre résistance dans le sens horizontal et dans une direction sensiblement parallèle à celle de la force poussante.

Si l'on ne satisfaisait pas à la première condition, la *permanence de la forme*, et qu'on permît au ballon porteur d'être à certains moments en partie dégonflé, non-seulement il se produirait, sur la surface de ce ballon, des concavités opposées à la direction de la marche, qui accroîtraient la résistance du courant d'air dans une proportion considérable ; mais la direction de cette résistance sur une surface ondulée venant à changer à chaque instant, par rapport à la direction de la force motrice, il n'y aurait pas de gouvernail capable de corriger ces variations incessantes dans la direction de la résistance.

Si l'on négligeait la seconde condition, *la création d'un grand axe de moindre résistance dans le sens horizontal ;* si, par exemple, le ballon présentait, comme les aérostats ordinaires, une surface de révolution autour d'un axe vertical, lors même que ce ballon serait maintenu sans cesse bien gonflé et sans ondulations sensibles à sa surface, il arriverait qu'on aurait une difficulté presque insurmontable à maintenir, au moyen du gouvernail, son mouvement de translation dans une direction voulue. La moindre variation dans la symétrie de la forme, par rapport à la direction de la force poussante, lui imprimerait immédiatement un mouvement giratoire. En s'efforçant de le conjurer avec le gouvernail, on obtiendrait bientôt un mouvement de rappel trop prononcé en sens inverse, et d'embardée en embardée on serait dans l'impossibilité de suivre une direction voulue. La forme oblongue du ballon est donc non-seulement *utile* pour diminuer sa résistance sous un même volume, mais elle est *nécessaire* pour permettre de gouverner en route.

On pourrait sans doute satisfaire à cette seconde condition à l'aide d'un ballon porteur sphérique, auquel on ajouterait à l'avant et à l'arrière des appendices, soit par des plans, soit par des ballons coniques supplémentaires gonflés d'air, mais on s'apercevrait bientôt, en étudiant cette solution, que celle du ballon porteur oblong est encore plus simple, malgré les difficultés qui en résultent pour le mode de suspension de la nacelle.

J'ai satisfait à la première condition, *la permanence de la forme*, en munissant l'aérostat d'une soufflerie à air portée et manœuvrée dans la nacelle. Cette soufflerie est mise en communication par un tuyau en étoffe de la même nature que celle du ballon, avec un ballonnet placé à l'intérieur du ballon porteur. Ce ballonnet, destiné à empêcher l'air insufflé de se mêler avec le gaz du ballon, se compose dans sa partie basse, de la surface du ballon lui-même, et, dans sa partie supérieure, d'une surface sensiblement identique à la première et destinée à retomber sur celle-ci lorsque le ballonnet est complétement vide d'air. La surface supérieure est seulement d'une courbure un peu plus prononcée en tout sens que celle de la partie inférieure du ballon sur laquelle elle doit s'appliquer, afin d'éviter toute contraction sur la surface extérieure.

J'ai adopté pour le volume du ballonnet un dixième du volume total du ballon porteur. Cette proportion permettra de descendre de 866 mètres de hauteur en maintenant le ballon gonflé malgré l'augmentation correspondante de la pression barométrique.

Dans ma première communication à l'Académie, à la séance du 17 octobre 1870, j'avais dit que ne croyais pas devoir recourir, pour le gonflement du ballon, à l'emploi de l'hydrogène pur en raison de la difficulté de confectionner des tissus et des enduits capables de conserver ce gaz assez longtemps,

Mais les avantages que présente l'emploi du gaz le plus léger sont tels, qu'après un examen approfondi de la question et confiant dans l'efficacité des enduits nouveaux que j'expérimentais, j'ai adopté, pour gonfler le ballon, l'hy-

drogène obtenu par un des procédés connus, savoir : l'ac·
tion de l'acide sulfurique sur l'eau et la tournure de fer.

Ce gaz bien préparé porte environ 1,100 grammes par
mètre cube à o degré et à la pression barométrique de 0^m76.

Les longueurs des pendentifs du ballon porteur, ouverts
à l'air libre à leur orifice inférieur, sont telles qu'en ayant
soin de maintenir sans cesse l'hydrogène descendant près
des orifices de ces pendentifs, les tensions intérieures du
ballon, en sus de la pression atmosphérique, seront :

Au bas du ballon de	$8^{kil.}$ 16	par mètre carré.
Au centre du ballon de	16 32	—
Au sommet du ballon de	24 48	—

Soit en millimètres d'eau à ces mêmes positions :

$$8^{mill.}\ 16, \qquad 16^{mill.}\ 32 \quad et \quad 24^{mill.}\ 48$$

Le ballonnet à air est muni d'une soupape s'ouvrant du
dedans au dehors et réglée par des ressorts de telle façon
que, si l'on venait à souffler mal à propos, ce serait l'air insufflé qui s'échapperait du ballonnet par cette soupape plutôt que de refouler l'hydrogène plus bas que l'extrémité inférieure des pendentifs. (Voir le plan n° 2 et sa légende.)
Cette soupape fonctionnera également lorsque, le ballonnet
étant plein d'air en tout ou en partie, on voudra s'élever
davantage dans l'atmosphère. Ce sera alors de l'air qui
s'échappera sous l'influence de la dilatation de l'hydrogène,
sans qu'on ait à perdre du gaz par les pendentifs, et sans
qu'on ait besoin de jeter du lest, si ce n'est une très-petite
quantité suffisante pour rompre l'état d'équilibre. Les choses
se passeront ainsi, tant que les variations de hauteur ne dé-

passeront pas les 866 mètres correspondant à une variation
de volume d'un dixième du gaz hydrogène à une température
constante. La correction à faire subir à ce chiffre en raison des
variations de la température ressort d'ailleurs des formules
connues pour la dilatation des gaz à divers degrés de chaleur.

Pour satisfaire au second principe que j'ai défini, *la cons-
titution d'un axe horizontal de moindre résistance*, et afin de
diminuer en même temps la résistance à la marche à travers
l'air ambiant, j'ai donné au ballon la forme géométrique
engendrée par un arc de cercle tournant autour de sa corde,
et dont la flèche est à peu près le cinquième de la longueur
de cette corde. Une forme plus oblongue eût encore réduit
davantage la résistance, accru la vitesse et rendu plus facile
le maintien de la direction au moyen du gouvernail ; mais
les difficultés relatives au filet croissent beaucoup avec la
longueur, et il importe de la modérer.

DIMENSIONS PRINCIPALES

(Voir les plans 1, 2, 3, 7, 8 et 9.)

C'est après avoir fait la balance entre les conditions opposées qu'il faut remplir, que j'ai adopté les dimensions
suivantes pour le ballon dont la surface est engendrée géo-
métriquement, comme je l'ai dit ci-dessus :

Longueur totale de pointe en pointe. . . . .   36^m 12
Diamètre au fort de la circonférence composée de 84 bandes de
   0,555 de largeur (non compris les recouvrements). . . . . .   14^m 84
Rayon correspondant du méridien. . . . . . , ...   25^m 78

V. Volume du ballon.. . . . . 3454^{m3} 00
V'. Volume du ballonnet à air. . . . . 345^{m3} 40
Force ascensionnelle par mètre cube d'hydrogène (fabriqué *ad hoc*) à la pression de 0^{m}76. . . . . 1100^{gr} 00
Force ascensionnelle de l'aréostat { ballonnet affaissé. . . . . 3799^{kilo}.
{ ballonnet gonflé . . . . 3419 »
Surface du ballon porteur. . . . . 1225^{m2} 00
Surface de l'enveloppe intérieure du ballonnet . . . . 170^{m2} 00
Surface de la maîtresse section du ballon gonflé . . . . 172^{m2} 96
Distance du plat-bord de la nacelle en contre-bas du grand axe longitudinal du ballon.. . . . . 20^m 50
Hauteur de la nacelle du plat-bord au-dessous des quilles. . . . . 1^m 20
Hauteur totale de l'aérostat du dessus du ballon au-dessous des quilles de la nacelle . . . . 29^m 12
Longueur de la partie de la nacelle en osier · . . . . 6^m 50
Longueur totale de pointe en pointe des brancards en bambous. . 12^m 60
Largeur de la nacelle au fort en dehors de ses plats bords. . . . . 3^m 26
Distance à laquelle se trouve, en contre-bas du grand axe horizontal du ballon, l'axe de l'hélice et du treuil moteur portés directement par la nacelle.. . . . . 20^m 45
Diamètre de l'hélice . . . . 9^m 00
Nombre d'ailes. . . . . , ... 2
Pas de l'hélice. . . . . , ... 8^m 00
Fraction de pas de chaque aile { au bout 1/16
{ au centre d'action. 1/10
Nombre de tours de l'hélice par minute pour une vitesse de l'aérostat de 8 kilomètres à l'heure par rapport à l'air ambiant qui le porte. . . . . , ... · . . . . 21 tours.
Diamètre du ventilateur destiné à gonfler le ballonnet durant le voyage, mesure prise en dehors des ailettes. . . . . , ... 0^m 65
Diamètre du cercle d'entrée de l'air. . . . . 0^m 30
Largeur des ailettes { à l'attaque de l'air. . . . . 0^m 28
{ à la sortie. . . . . · . , ... 0^m 10
Nombre de tours normal à la manivelle par minute. 20
Nombre de tours correspondant des ailettes. 500
Pression de l'air à cette allure dans le tuyau de refoulement. . . . 4^c d'eau.
Un homme suffit à cette allure pour remplir d'air le ballonnet en 15 minutes.

DISPOSITION DES DEUX FILETS

(Voir les plans 1, 2 et 3.)

J'ai été conduit à l'emploi d'un système de deux filets concentriques suspendus tous deux à une chemise en étoffe construite sur les mêmes gabarits que le ballon, et qui remplace la partie supérieure du filet ordinaire à partir du méridien horizontal.

Le filet extérieur, qui est le *filet porteur* de la nacelle, est relié à la chemise, à la hauteur du méridien horizontal, au moyen d'une collerette et d'un mode d'attache qui répartit uniformément sur l'étoffe la traction de chaque corde. (Voir le plan n° 6.) L'autre filet placé à l'intérieur du premier est le *filet de balancines*. Il est attaché à la partie basse de la chemise par un mode identique, il se sépare du ballon tangentiellement à la surface environ au quart de la hauteur, et forme un cône dont le sommet est situé entre le ballon et la nacelle sur l'axe vertical qui relie les deux centres. C'est du sommet de ce cône que partent les cordages formant *balancines* de la nacelle.

L'action de ces deux filets combinés repose sur le principe de géométrie et de statique qui peut se définir ainsi qu'il suit :

Si l'on suspend dans l'espace un point quelconque par trois cordes descendant de trois autres points fixes, et qu'on exerce ensuite une traction sur ce point dans une direction telle que le prolongement de cette force, en sens opposé à son action, pénètre dans l'intérieur de la pyramide formée par les trois cordes de suspension, et dont le point sollicité

par la force est le sommet, les trois cordes de suspension
resteront toutes plus ou moins tendues, et le sommet de
cette pyramide restera immobile par rapport à ces trois
points de suspension (abstraction faite de l'allongement des
cordes).

Quant à la chemise, elle facilite beaucoup la confection du
filet pour un ballon allongé, et elle a en outre l'avantage de
supprimer le capitonnage de la partie supérieure du ballon
comprimé par son filet, ce qui diminue notablement la résistance à la marche.

GOUVERNAIL, NACELLE, HÉLICE, TREUIL A BRAS, SOUPAPES.

Le *gouvernail* se compose d'une voile triangulaire placée
sous le ballon près de la pointe arrière. Il est fait en per-
cale, sans vernis, maintenu à sa partie basse sur une vergue
horizontale de 6 mètres de longueur, pouvant pivoter li-
brement sur son extrémité avant, laquelle porte sur le point
de bridure des suspentes arrière de la nacelle. La hauteur du triangle formant gouvernail est de 5 mètres, sa
surface est ainsi de 15 $^{m.\,2}$. Deux drosses en filin léger, partant de l'extrémité arrière de la vergue du gouvernail, vien-
nent passer de chaque côté des flancs du ballon dans deux
poulies de retour et descendent de là à l'avant de la nacelle
sous les mains du timonier. Celui-ci a sous les yeux la boussole fixée à la nacelle avec sa ligne de foi parallèle au grand
axe du ballon. (Voir les plans 1, 2 et 3.)

Ce timonier devra tenir toujours un peu roides les deux
drosses du gouvernail, de façon que celui-ci soit immobile

et fasse fonction du plan mince arrière des navires, tant qu'il n'y aura pas lieu à changer de route ni à rectifier la direction. Quand le besoin se fera sentir de faire fonctionner le gouvernail, le timonier devra opérer lentement et par de très-petits angles graduellement accrus pour obtenir le résultat nécessaire, en évitant les mouvements giratoires trop rapides qu'il serait difficile ensuite d'arrêter au point voulu.

La *nacelle*, dont les dispositions et les dimensions précises sont données sur le plan n° 7, a sa partie centrale construite en osier sur la longueur nécessaire pour contenir assez commodément le treuil moteur, le ventilateur pour gonfler le ballonnet, et quatorze hommes d'équipage, savoir : huit hommes travaillant au treuil, l'homme chargé de faire fonctionner le ventilateur, le timonier, la personne préposée aux mouvements de lest, celle chargée des soupapes, du guide-rope et de l'ancre, enfin, deux personnes, dont l'une, chargée de la direction de la route, fait les observations pendant que l'autre les inscrit et trace le chemin sur la carte. La longueur de 6ᵐ 5o de la partie de la nacelle en osier suffisait pour le service à y faire ; mais elle a dû être prolongée par des brancards qui ont été faits en bambous contretenus par des soubarbes en cordes, afin d'obtenir une direction convenable pour les suspentes descendant de l'avant ou de l'arrière du ballon, ainsi que pour les balancines, dont le rôle, déjà indiqué ci-dessus, sera expliqué plus complétement à l'article : Stabilité.

L'*hélice* est portée directement par la nacelle sans qu'on ait à se préoccuper de la position de la force poussante agissant sur la partie basse de l'ensemble de l'aérostat. Les considérations qui justifient cette assertion sont développées à l'article concernant l'aérostat en marche. L'arbre de l'hélice placé dans le plan diamétral de la nacelle, parallèlement à sa longueur et au grand axe du ballon porteur, se compose d'un tube en acier creux, portant à son extrémité arrière les dispositions voulues pour recevoir le moyeu de l'hélice *facilement démontable*, et à son extrémité avant la manivelle par laquelle le treuil moteur lui transmet son travail.

Pour les détails de construction de l'hélice, ailes, moyeu, tirants, etc., je ne puis mieux faire que de prier le lecteur de se reporter au plan n° 8 et à sa légende.

J'appelle seulement ici son attention sur la disposition de l'arbre de l'hélice par rapport à la nacelle. Cet arbre a deux coussinets : celui de l'avant est porté par le banc arrière de la nacelle, banc rendu tournant sur ses deux supports latéraux. Celui de l'arrière repose à volonté sur l'extrémité arrière des brancards de la nacelle munie d'une chaise appropriée à ce rôle, ou bien il peut être soulevé et tenu suspendu par un petit palan accroché dans les suspentes. L'arbre de l'hélice pouvant être ainsi soulevé de l'arrière au moyen de ce palan, grâce au mouvement tournant du banc de la nacelle et à une disposition spéciale à la manivelle d'entraînement, permet, avant le départ et lors du retour près du sol, de mettre les ailes de l'hélice plus à l'abri des rencontres susceptibles de les avarier. L'emploi de *deux* ailes au lieu de *quatre* rend encore cette disposition plus efficace, les deux ailes étant maintenues horizontales par un système d'arrêt du treuil moteur.

Je dirai enfin que ce treuil à bras, composé tout simplement d'un arbre en fer coudé, porté par deux bancs de la nacelle, a ses coudes et ses manivelles placés de façon que

le treuil étant manœuvré par quatre ou par huit hommes, le
centre de gravité de ces hommes, dans leurs mouvements
pour tourner le treuil, reste toujours sensiblement dans la
même position. Ce résultat est intéressant pour éviter des
forces de réaction qui tendraient à faire osciller la nacelle
et dont l'absence jointe au mode de suspension contribuera
à sa parfaite tranquillité.

Les *soupapes* pour l'évacuation de l'hydrogène sont au
nombre de deux. Elles sont placées sur le méridien supérieur du ballon, dans la direction prolongée des deux pendentifs ouverts par le bas, et dans lesquels passent les cordes
de manœuvre de ces soupapes, cordes aboutissant dans la
nacelle. Ces pendentifs ont été naturellement placés à l'avant
et à l'arrière du ballonnet à air. Les soupapes pour l'évacuation de l'hydrogène sont la reproduction très-soignée de
ce que M. Yon avait déjà fait de mieux dans ce genre, avec
siége cylindrique et les deux clapets à charnière en bois de
noyer. Des bandes de caoutchouc formant ressort tiennent
fermés ces clapets qui s'ouvrent du dehors en dedans et que
la pression du gaz comprime ainsi sur leur siége. Ils ne
peuvent donc s'ouvrir que sous la traction de la corde de
manœuvre. Le diamètre d'ouverture de chacune de ces deux
soupapes est de 42 centimètres. La soupape à air du ballonnet a un diamètre de 64 centimètres. Elle est placée sur le
méridien inférieur du ballon et à son milieu. Elle est au-
tomotrice, avec un seul clapet circulaire s'ouvrant du dedans
au dehors et dont les ressorts de retenue sont réglés de manière à laisser échapper l'air, quand sa pression atteindra la li-
mite voulue. Toutefois elle est également munie, pour plus de
sûreté, d'une corde de manœuvre descendant dans la nacelle.

NATURE DE L'ÉTOFFE DU BALLON ET DE SON ENDUIT.

L'étoffe du ballon se compose d'un taffetas de soie blanche, pesant 52 grammes le mètre carré, d'un nansouk, pesant 40 grammes le mètre carré, et de sept couches de caoutchouc interposées entre le taffetas et le nansouk. Ces sept couches de caoutchouc pèsent ensemble 148 grammes le mètre carré ; ce qui porte à 240 grammes par mètre carré le poids total de cette étoffe, non compris l'enduit à placer ultérieurement.

Pour opérer cette jonction au caoutchouc, du taffetas et du nansouk, il a d'abord été appliqué *deux* couches sur le taffetas, puis *cinq* sur le nansouk, après quoi les deux tissus ont été collés ensemble en les passant, sous une forte compression, entre des cylindres chauffés à la vapeur.

M. Rattier, privé de son usine de Bezons, occupée par l'ennemi, a réussi, après des efforts dont je tiens à le remercier, à organiser dans Paris cette préparation de l'étoffe au caoutchouc, au moyen des rouleaux de l'imprimerie sur étoffe de MM. Bousquet.

Chaque pièce de taffetas achetée a été au préalable essayée au dynamomètre et n'a été acceptée que lorsqu'elle supportait, avant de rompre, au moins 10 kil. par centimètre dans le sens de la trame et 9 kil. dans le sens de la chaîne. Peu de taffetas de couleur, même dans les plus belles qualités, ont pu satisfaire à cette épreuve, sauf quelques pièces grises ou violettes, qui ont été prises à défaut de taffetas blanc. Une fois joints au caoutchouc et au nansouk, ces taffetas ont supporté, avant de rompre, des tractions de 11 kil. par centimètre avec des allongements de 7 pour 100 avant rupture.

C'est dans cette étoffe ainsi préparée qu'ont été taillées les côtes du ballon, conformément aux tracés du plan n° 1. Les coutures ont été exécutées ensuite, d'après les indications précises du plan n° 6, et la force de l'étoffe cousue, essayée perpendiculairement à la couture, a été au dynamomètre de 10 kil. 1/2 par centimètre. La chemise a été faite en taffetas de soie blanche, sans addition d'aucun autre tissu ni enduit. Ses coutures ont été également faites d'après les données du plan n° 6, avec superposition de rubans croisant les coutures, conformément aux indications de ce plan 6 et du plan 2. Dans ce dernier, les lignes, croisant obliquement la partie supérieure de la chemise, à partir de la collerette du grand filet porteur, indiquent la position de ces rubans de renfort.

Relativement à ces coutures de la chemise, j'appelle l'attention sur l'importance des coutures en losange, qui répartissent l'effort sur un grand nombre de fils de la chaîne, au lieu de l'accumuler sur un seul fil comme le fait la couture droite.

La couture droite a été conservée pour l'étoffe du ballon, en raison de la doublure en coton collée au caoutchouc sur le taffetas, et par suite de l'addition de force que procure à la couture la superposition des bandes collées au caoutchouc recouvrant les deux faces du joint.

Dans ces conditions, la chemise avec rubans porte, avant rupture ni désagrégation des coutures, 1060 kil. par mètre de largeur. Sa partie inférieure, sans rubans, comprise entre

la collerette du filet porteur et celle du filet de balancine,
porte 1000 kil. par mètre de largeur.

Avec l'emploi, pour gonfler le ballon, du gaz hydrogène
aussi pur qu'on peut pratiquement l'obtenir, il importait
d'avoir un enduit moins perméable à ce gaz que celui que
produit sur les ballons ordinaires la superposition de plusieurs couches d'huile siccative.

L'étoffe préparée au caoutchouc de la façon décrite ci-
dessus était déjà parfaitement imperméable à l'eau et à l'air,
sous des pressions très-supérieures à celles que le ballon
devra supporter. Mais l'hydrogène la traverse avec trop de
rapidité par suite du phénomène d'exosmose.

Je ne pouvais mieux faire dans la recherche, à laquelle je
me suis livré, d'un enduit propre à combattre ce phénomène, que de recourir à notre illustre secrétaire perpé-
tuel à l'Académie des sciences, M. Dumas, qui m'a con-
seillé immédiatement de composer un enduit à base de gélatine. J'ai été puissamment aidé dans cette recherche par
mon confrère et ami M. Henry Sainte-Claire Deville, et par
M. Troost, professeur de chimie à l'École normale. C'est
après bien des études et des essais que nous sommes arrivés
à obtenir divers enduits à base de gélatine qui n'aient pas,
comme la gélatine pure ou la colle d'os ordinaire, l'inconvénient de contracter l'étoffe et de devenir cassants.

Les trois sortes d'enduits à base de gélatine qui nous ont
donné les meilleurs résultats pour l'ensemble des conditions
à remplir sont :

Le premier, composé par M. Troost.

Il s'obtient, en procédant de la manière suivante :

On prépare d'abord une dissolution A comprenant en poids :

De la gélatine pure. . . . . 100 ⎫
De la glycérine. . . . . 100 ⎬ 800 00
De l'acide pyroligneux du commerce . . . . 600 ⎭

obtenue en dissolvant à chaud au bain-marie la gélatine dans l'acide pyroligneux et en ajoutant toujours à chaud la glycérine.

On prépare ensuite une autre dissolution B comprenant en poids :

Tanin . . . . 100 ⎫
Acide pyroligneux. . . . . 600 ⎬ 700 00

On verse doucement à chaud A dans B en agitant avec une spatule en bois.

On recuit le tout au bain-marie pendant une heure au moins, en ajoutant de l'acide pyroligneux à mesure de l'évaporation, de manière à maintenir le même volume total.

On applique à chaud, au pinceau, sur l'étoffe du ballon du côté du nansouk, lequel est dans l'intérieur du ballon. Une couche est facilement sèche dans 24 heures. Avec trois couches on obtient une étoffe suffisamment impénétrable à l'hydrogène. L'addition de poids produite par ces trois couches, une fois sèches, est de 95 à 100 grammes par mètre carré.

Le caoutchouc interposé entre le nansouk et le taffetas fait que ce dernier n'est pas atteint par l'acide pyroligneux et conserve sa couleur naturelle. Quant au côté enduit, il prend une couleur d'un gris jaunâtre, à moins qu'on n'ait

plongé dans le liquide un objet en fer, auquel cas l'enduit
passe rapidement à la couleur noire.

Des éprouvettes en verre de 0^{m}20 de longueur, fermées à
leur partie supérieure par un morceau de l'étoffe du ballon
recouverte de l'enduit Troost à trois couches, ont conservé
pendant huit jours l'hydrogène sous une pression de 3o millimètres d'eau avec une déperdition insensible. Il a fallu
vingt et un jours pour que le niveau de l'eau soit devenu le
même à l'intérieur qu'à l'extérieur ; l'eau a ensuite commencé à monter à l'intérieur de l'éprouvette et a atteint une
hauteur de 4o millimètres, après quoi elle est redescendue
lentement.

Le second enduit se compose en poids de :

Gélatine pure. . . . .   40 ⎱
Mélasse . . . .   80 ⎰ 1000   00
Eau. . . . .   880 ⎰
Acide phénique. . . . .   1/1000^e

Le tout dissous à chaud au bain-marie et appliqué à
chaud au pinceau du côté du nansouk. Six couches de cet
enduit donnent un accroissement de poids en moyenne de
84 grammes par mètre carré. Sa couleur est jaune mélasse.

Avec les pièces ainsi préparées, essayées à l'hydrogène
pur sur les éprouvettes définies ci-dessus, le gaz a mis quatre
jours à perdre graduellement 3o millimètres de pression
d'eau, quatre autres journées pour arriver à une contre-
pression de 3o millimètres ; après quoi l'eau est revenue
lentement au même niveau dedans et dehors l'éprouvette.

Si l'on compose cet enduit avec plus de gélatine et moins

de mélasse, il tient encore mieux l'hydrogène, mais il reste cassant et rend l'étoffe roide.

Le troisième enduit se compose en poids de :

Gélatine. . . . .   80)
Glycérine . . . .   60 } 1000 00
Eau . . . .   860)

Acide phénique. 1/1000

Le tout dissous à chaud au bain-marie et appliqué à chaud au pinceau sur le côté du nansouk.

Cinq couches de cet enduit pèsent en moyenne 85 grammes et demi par mètre carré. Sa couleur est d'un joli gris.

L'épreuve à l'éprouvette a donné la durée de trois jours pour perdre graduellement 3o millimètres d'eau ; le phéno · mène d'exosmose s'est graduellement produit comme avec les deux autres enduits, mais d'une façon moins prononcée, car l'eau, après avoir monté dans l'éprouvette jusqu'à 2o millimètres, est ensuite redescendue assez rapidement.

En résumé, ces trois enduits sont applicables et donnent de bons résultats d'imperméabilité à l'hydrogène ; les deux derniers sont bien plus faciles à préparer et coûtent moins. N'étant solubles dans l'eau qu'à une température supérieure à 4o degrés, ils n'ont rien à craindre de la pluie ; placés à l'intérieur d'une étoffe caoutchoutée, ils seraient d'ailleurs à l'abri. Cependant j'ai préféré le premier enduit, celui de M. Troost, parce qu'il tient l'hydrogène encore mieux que les deux autres et que tout porte à penser que sa préparation au tanin le rendra moins susceptible de se moisir. L'acide phénique, ajouté aux deux autres enduits, avait pou r but d'obtenir aussi ce résultat ; mais le peu de durée de mes expériences ne me permet pas de conclure sur ce point.

POIDS DU BALLON.

Adoptant l'enduit Troost, j'ai dû calculer de la manière suivante le poids du ballon :

La surface géométrique du grand ballon est de.	1225^{m^2}
La surface additionnelle pour 3452 mètres de joint est de. .	280^{m^2}
Total de la surface de l'étoffe préparée au caoutchouc, addition faite des joints et bandes de joints.	1505^{m^2}
Poids de l'étoffe sans enduit par mètre carré.	240 gr.
Poids du ballon avant l'enduit.	361^{kilog} 200
Enduit Troost, à raison de 100 grammes par mètre carré, sur les 1225 mètres carrés géométriques.	122^{kilog} 500
Poids du grand ballon enduit.	483^{kilog} 700
La surface géométrique de l'enveloppe supérieure du ballonnet est de.	170^{m^2}
La surface additionnelle pour joints. . . . . , ...	30^{m^2}
Total de la surface, addition faite des joints.	200^{m^2}
Poids à 240 grammes par mètre carré.	48^{kilog}
Enduit Troost sur 170^{m^2}.	17
Poids de l'étoffe du ballonnet avec enduit.	65^{kilog}
Poids total du grand ballon et du ballonnet avec enduit.. . .	548^{kilog} 700
Poids des soupapes et des tuyaux en étoffe pour pendentifs et pour soufflerie.	22
Poids total du ballon porteur avec ballonnet, pendentifs et soupape.	570^{kilog} 700

Cela posé, les autres poids entrant dans la composition

de l'aérostat ayant été pesés directement, le devis de ces poids s'établit ainsi qu'il suit :

COMPOSITION DES POIDS DE L'AÉROSTAT

SUPPOSÉ EN ÉQUILIBRE AVEC SA FORCE ASCENSIONNELLE AU NIVEAU DU SOL.

Étoffe du ballon porteur, soupapes et pendentifs	570^{kilo}	700
Chemise et filet.	180	000
Divers cordages de gonflement restant accolés aux suspentes de nacelle.	60	000
Gouvernail, poulies de drosse, drosses.	14	000
Nacelle avec brancards, traverses, épontilles, bancs d'osier, cabillots, toiles extérieures des bouts	585	000
Hélice amovible avec son moyeu et ses tirants.	75	600
Treuil, arbre creux de l'hélice, coussinets.	78	900
Ventilateur et sa base en bois.	49	500
Ancre.	30	000
Câble pour l'ancre.	40	000
Guide-rope.	40	000
Cordages pour attirer la nacelle à terre.	30	000
14 hommes d'équipage	1050	000
Bagages et vivres à 7 kilog. par homme..	98	000
Instruments d'observation et cartes	23	00
Colis à porter à destination.	275	000
Lest disponible pour monter à la hauteur voulue et pour compenser pendant le voyage les pertes de gaz, les alourdissements de l'aérostat, par la pluie, la neige, etc	600	000
Total égal à la force ascensionnelle du grand ballon plein d'hydrogène au ras du sol.	3799^{kilos}	700

TABLEAU DES POIDS DE L'AÉROSTAT
EN ÉQUILIBRE A DIVERSES HAUTEURS, LE BALLON TOUJOURS SUPPOSÉ PLEIN DE GAZ HYDROGÈNE JUSQU'AU BAS DES PENDENTIFS ET A LA TEMPÉRATURE DE 0 DEGRÉ COMME L'ATMOSPHÈRE.

HAUTEURS AU-DESSUS DU POINT DE DEPART.	PRESSIONS BAROMÉTRIQUES celle du point de départ étant supposée 0m76.	POIDS de L'AÉROSTAT.	DIFFÉRENCE de POIDS.	VOLUMES DU GAZ correspondant à ces poids avec une même pression de 0m76.	DIFFÉRENCE de CES VOLUMES.
	cent.	kilogr.	kilogr.	m. 3	m. 3
0	76.00	3799	0	3454	0
100	75.10	3753	46	3412	42
200	74.17	3707	92	3370	84
300	73.28	3662	137	3329	125
400	72.40	3617	182	3288	166
500	71.52	3574	225	3250	204
600	70.65	3529	270	3208	247
700	69.80	3487	312	3170	284
800	68.95	3445	354	3132	322
866	68.40	3419	380	3108.60	345.40

La dernière colonne de ce tableau montre qu'en descendant de 866 mètres et en commençant ce mouvement avec le ballonnet entièrement affaissé, il faudra le gonfler de tout son volume de $345^{m3}40$ pour arriver au sol avec le ballon tendu. En descendant de 500 mètres (hauteur plus que suffisante pour faire route), il n'y aura que 204 mètres cubes d'air à mettre dans le ballonnet.

CALCUL DES EFFORTS A SUPPORTER PAR L'ÉTOFFE DU BALLON
PAR CELLE DE LA CHEMISE ET PAR LES CORDAGES DU FILET (1).

Nous voyons dans la légende du plan n° 2 que le ballon étant gonflé d'hydrogène jusqu'au bas des pendentifs, ce gaz étant supposé différer de densité avec l'air de 1100 gr. par mètre cube sous la pression de 0^{m}76, les efforts du gaz, perpendiculairement à l'étoffe, seront :

au bas du ballon . . . . . 8 kil. 16 par mètre carré
à la hauteur de l'axe. . . . 16   32   —
au sommet du ballon. . . . 24   48   —

La traction horizontale transversale sur l'étoffe à la partie supérieure avec un diamètre de 14^{m}84 serait par suite de 181 kil. par mètre de largeur, si l'on ne tenait pas compte de la pression exercée par la chemise ; mais il faut considérer que dans cette partie du ballon, supposé rempli comme il est dit ci-dessus, la chemise du filet porteur est tendue tangentiellement par un effort qui, au départ du sol, pour un mètre de longueur du ballon à son milieu, est égal à la moitié de la force ascensionnelle de cette portion du ballon. Or cette

---

(1) Les chiffres qui sont donnés dans ce paragraphe concernant les efforts des étoffes ont été calculés en supposant la concordance de la forme du ballon avec celle du plan. A parler rigoureusement, cette forme, sous l'influence de la pression du filet et des tensions du gaz variant avec la hauteur, ne restera pas celle d'un solide de révolution ; mais les différences seront minimes et négligeables au point de vue du présent paragraphe.

4

force ascensionnelle est elle-même égale au cube de cette partie du ballon de 1 mètre de longueur multiplié par 1100 grammes ; ce produit étant diminué du poids de l'étoffe de cette même portion du ballon. Cela donne pour traction sur 1 mètre de largeur de la chemise, au milieu :

$$1/2 \ (172^{m.3}96 \times 1^{kil.}100 - 18^{kil.}) = 86 \text{ kil.}$$

Ces 86 kil. de traction tangentielle de la chemise, s'exerçant sur un rayon de courbure du ballon de 7^m42, y produisent une pression normale de 11 kil. 64 par mètre carré. Cela réduit à 12 kil. 84 par mètre carré la pression normale maximum, à supporter par l'étoffe du ballon. Cette pression normale de 12 kil. 84 par mètre carré avec le même rayon de courbure de 7^m42, correspond à une traction tangentielle de l'étoffe de 95 kil. par mètre de largeur. Or la résistance de l'étoffe du ballon avant la rupture ou la désagrégation des coutures est de 1,050 kil. par mètre de largeur, c'est-à-dire de plus de 11 fois l'effort à supporter.

Nous avons vu plus haut que la traction transversale de l'étoffe de la chemise est de 86 kil. par mètre de largeur. Or cette étoffe de la chemise peut porter, avant rupture ou désagrégation des coutures, 1,060 kil. par mètre de largeur (dont 1,000 kil. pour le taffetas et 60 kil. pour les 3 rubans par mètre), c'est plus de 12 fois l'effort à supporter.

Partout ailleurs les tractions transversales de l'étoffe du ballon, comme celles de la chemise, sont moindres que dans la partie que nous venons d'examiner.

Quant à la traction de l'étoffe du ballon dans le sens de sa longueur, son maximum a lieu également dans la partie-milieu ou au point le plus élevé. En supposant toujours le ballon près du sol, au départ, et gonflé de la même manière, la traction longitudinale de l'étoffe par mètre de largeur sur le méridien supérieur et à son milieu sera *approximative-ment* mesurée par la formule :

$$0,9 \times 24^{kil.} 48 \times \frac{7,42}{2} = 81^{kil.} 62$$

Cette fatigue est encore moindre que le 1/12 de la force de l'étoffe dans le sens de sa longueur.

Sous ces efforts des étoffes, s'élevant dans les deux sens au maximum à 1/11 de leur force de résistance à la rupture, les extensions linéaires seront d'environ 0,6 pour 100.

Les cordages du filet auront à porter au départ le poids de la nacelle et de son contenu qui, en supposant qu'on n'y laisse que 550 kil. de lest pour donner à l'aérostat un ex-cédant de force ascensionnelle de 50 kil., sera de 2,955 kil.

Or la nacelle est portée par 24 cordes d'égale force descendant :

De chaque point A une double, soit pour les 2 points A. . .	4
De chaque point B une simple, soit pour les 4 points B. . .	4
De chaque point C une double, soit pour les 4 points C. . .	8
De chaque point D une double, soit pour les 4 points D. . .	8
Total.	24 cordes.

En supposant même *que le filet de balancines ne porte rien autre que son poids suspendu* au ballon, les 24 cordes de suspension du grand filet auront donc à porter 2,955 kil., soit par corde, en moyenne, 123 kil. En ajoutant 1/10 en moyenne pour la correction due à l'obliquité, on arrive, pour traction moyenne des 24 cordes, à 135 kil.

Si l'on veut considérer à part les 16 cordes de la suspension du centre descendant des quatre points C et des quatre
points D, le calcul de leur fatigue repose sur ce fait que ces
24 cordes correspondent à une longueur du ballon
de 16^m60.

Le volume de cette portion du ballon est de. . . . .   2566 ^{m3}
   (Y compris le volume du ballonnet supposé affaissé.)

Ces 2566^{m3} à 1 ^{kilog} 100 donnent une force ascensionnelle de.   2822 ^{kilog}.

A déduire pour le poids de la partie correspondante de l'é-
   toffe du ballon, du ballonnet, de la chemise du grand
   filet et du petit filet.   442

Il reste pour effort ascensionnel exercé sur les 16 cordes. .   2380 ^{kilog}.

Soit par cordes $\frac{2380}{16}$ = ...   148 ^{kilog}. 7
Puis avec l'obliquité. . . . .   163 ^{kilog}. 57

Or chaque corde des 16 suspentes centrales peut porter. . .   1470 ^{kilog}.

soit près de 9 fois sa charge.

Dans tous les états subséquents du ballon, les cordes de
suspente de la nacelle auront moins à porter que le poids
précité.

Chaque point D du filet (plan 4) portera donc au moment
du plus grand effort de soulèvement deux fois 163^{kil.} 7,
soit 327^{kil.} 4. Cet effort se divise sur 4 cordes de la partie
du filet n° 4, ce qui fait par corde 82 kil. Ces cordes n° 4
peuvent porter 738 kil., soit neuf fois leur charge maximum.
Dans toutes les parties du filet plus élevées, la même proportion est gardée entre la force des cordes et leur charge
maximum.

VITESSE HORIZONTALE DE L'AÉROSTAT PAR RAPPORT A L'AIR AMBIANT
ET PUISSANCE A EMPLOYER POUR OBTENIR CETTE VITESSE.

Cet aérostat a été étudié en vue d'obtenir au moyen d'une hélice mue à bras d'hommes une vitesse d'environ 8 kilomètres à l'heure par rapport à l'air ambiant.

Le calcul du travail nécessaire pour lui imprimer cette vitesse repose sur les données suivantes :

Section faite perpendiculairement à la direction du mouvement dans la maîtresse partie du ballon.	$172^{m'}96$	
Section id. id. dans la maîtresse partie de la nacelle. .	3	25
Surface de la partie du corps des hommes dépassant la nacelle, environ.	3	0
Surface des tuyaux pendentifs et des tuyaux de soufflerie du ballonnet faisant résistance au mouvement.	6	40
Sommes des surfaces des petites cordes du filet porteur ou du filet de balancines faisant résistance au mouvement.	10	0
Id. id. des grosses cordes des suspentes et des balancines ainsi que des cordes de gonflement.	9	90

Si ces objets étaient des plans minces, leur résistance dans l'air, à la vitesse de 8 kilomètres à l'heure (soit de 2^m 22 par seconde) serait, d'après les moyennes des expériences connues, de o kil. 665 par mètre carré. Mais le ballon, muni de la chemise remplaçant la partie supérieure du filet, ne présentant, quand il sera bien gonflé, qu'une surface parfaitement lisse, avec la forme oblongue du plan n° 2, propre à faciliter la division de l'air à l'avant et son replacement à l'arrière, la résistance à sa marche dans l'air

ne saurait être estimée à plus de la *trentième* partie de la
résistance du plan mince.

La nacelle est munie également d'une proue et d'une
poupe diminuant notablement la résistance de sa maîtresse
section; mais la surface de ses flancs en osier est loin d'être
polie. Il m'a paru que son coefficient de résistance à la marche devait être pris égal environ au *cinquième* de celui du
plan mince. J'ai adopté le même coefficient du *cinquième*
pour la partie des corps des hommes exposée au courant de
l'air. Pour les petits cordonnets des deux filets en soie, le
coefficient de résistance doit approcher de la *moitié* de celui
du plan mince, et pour les cordes de suspente du plus fort
diamètre, il est d'environ *un tiers*.

Cela posé, la résistance de l'aérostat à la marche se compo-
serait ainsi qu'il suit :

Ballon sans filet.	$172^{m2}96$ à 1/30	$\times$	$0^{kil}\cdot665$	$=$	$3^{kil}.830$
Nacelle.	3 25 à 1/5	$\times$	0 665	$=$	0 432
Saillie du corps des hommes. . .	3 0 à 1/5	$\times$	0 665	$=$	0 400
Tuyaux à hydrogène et à air. . .	6 40 à 1/5	$\times$	0 665	$=$	0 850
Petit cordonnet des filets.	10 0 à 1/2	$\times$	0 665	$=$	3 325
Cordes fortes des suspentes et des balancines.	9 90 à 1/3	$\times$	0 665	$=$	2 194
Somme.					$11^{kil}.031$

La vitesse de l'aérostat correspondant à cette résistance de
11 kil. o31 étant de 2^m 22 par seconde, le travail accompli
par l'aérostat marchant à cette vitesse ressort à 11 kil. o31
$\times$ 2^m 22 ou à $24^{kilog.\ mètres}$ et 77 centièmes.

En partant des données ci-dessus, avec une hélice à deux
ailes, de 9 mètres de diamètre et de 8 mètres de pas, présen-

tant, *pour chaque aile*, une fraction de pas de 1/16 seulement à l'extrémité, et de 1/10 au centre d'action, le produit du pas de l'hélice par le nombre de tours n'aura besoin de dépasser que de 26 pour 100 le chemin parcouru par l'aérostat dans l'air ambiant pour le même temps. Par suite, la vitesse de l'aérostat devant être de 2^m 22 par seconde ou de 133^m 33 par minute, il faudra que le nombre de tours N de l'hélice par minute, satisfasse à la condition :

$$N \times 8^{\text{mètres}} = 1{,}26 \times 133^{\text{mètres}} 333$$

d'où

$$N = \frac{168^{\text{mètres}}}{8} = 21 \text{ tours.}$$

Le travail nécessaire pour mettre en mouvement cette hélice se composera de sa poussée parallèle à l'axe multipliée par le produit de son pas par le nombre de tours ; puis du travail de frottement des ailes dans l'air, enfin du travail du frottement de l'arbre sur ses coussinets. La première partie donne pour travail par seconde :

$$11^{\text{kil.}} \, 031 \times \frac{168}{60} = 30^{\text{kilog. mètres}} \text{ et } 88 \text{ centièmes.}$$

Le travail du frottement de l'air sur ces ailes recouvertes en taffetas, avec les vitesses circonférentielles résultant de l'allure précitée, ressort à environ $2^{\text{kilog. mètres}}$ 25. Le travail total à transmettre à l'hélice, en sus du frottement minime sur les coussinets, pour lui faire faire vingt et un tours par minute est donc de $33^{\text{kilog. mètres}}$ 13. Le chiffre habituellement admis pour le travail qu'un homme peut soutenir est de $7^{\text{kilog. mètres}}$ 5; mais on peut admettre que quatre hommes pourront produire pendant une heure le travail précité de $33^{\text{kilog. mètres}}$ 13, représentant pour chacun d'eux $8^{\text{kilog. mètres}}$ 27. Avec une relève de quatre hommes reprenant toutes les heures (ou même toutes les demi-heures) l'allure de vingt et un tours par minute pourrait être soutenue pendant dix heures au besoin.

En certains moments, pour atteindre par exemple un point voulu du sol à la descente, on pourra mettre à la fois les huit manœuvres sur le treuil au lieu de quatre; chacun d'eux pourra, en outre, pendant quelques minutes, doubler son travail. La puissance transmise à l'hélice sera alors momentanément quadruplée. Ce qui fera que la vitesse de l'aérostat deviendra $2^{m}\,22 \times \sqrt[3]{4} = 3^{m}\,52$, soit de 12 kilomètres et 600 mètres à l'heure. Le nombre de tours de l'hélice par minute passera alors de vingt et un à trente-trois tours et demi, enfin la poussée horizontale de l'hélice deviendra

$$11^{kil.}\,031 \times \left(\frac{3,52}{2,22}\right)^{2} = 27^{kil.}\,58.$$

STABILITÉ DE L'AÉROSTAT.

En raison de la combinaison que j'ai adoptée de la triangulation funiculaire pour relier les divers points de la nacelle et du ballon que je tenais à maintenir dans des positions respectives invariables, notamment par suite de la bifurcation des suspentes descendant de chaque côté du filet porteur pour aller se relier aux deux côtés de la nacelle, ainsi que par l'emploi du filet de balancines convergent en un point unique placé entre la nacelle et le ballon, point d'où partent les balancines de la nacelle dans des directions dont les prolongements sont tous intérieurs au cône formé par le filet convergent en ce point, l'ensemble de l'aérostat, ballon et nacelle, se comportera, dans les inclinaisons qui pourront survenir, comme si ces deux portions étaient reliées entre elles par des pièces solides et inflexibles. Du moins les choses se passeront ainsi, tant que les inclinaisons ne dépasseront pas les limites ci-après :

1° Dans le sens latéral, l'angle que fait avec la verticale du plan n° 1 la tangente menée du centre de gravité de la nacelle sur les flancs du ballon. Cet angle est de 20 degrés de chaque côté de la verticale.

2° Dans le sens longitudinal, l'angle que fait avec la verticale du plan n° 2 la ligne menée du centre de gravité de la nacelle au point de convergence de la balancine la plus arrière et de la suspente la plus avant, et inversement dans l'autre sens. Cet angle est de 28 degrés de chaque côté de la verticale. Cela posé, la stabilité de l'aérostat peut se calculer comme celle d'un corps solide de forme invariable, *dans les limites des inclinaisons précitées.* Ce qui n'aurait pas lieu dans *un système funiculaire trapézoïdal.*

POSITION DU CENTRE DE GRAVITÉ DU SYSTÈME.

Le centre de gravité de l'ensemble de l'aérostat sera d'autant plus élevé qu'on aura dépensé plus de lest et que le ballonnet sera plein d'air. A cette situation correspondra le minimum de stabilité.

Pour se placer dans cette hypothèse, il faut, dans le devis des poids déjà donné, retrancher les six cents kilogrammes

de lest disponibles, en les supposant dépensés, soit pour
monter, soit pour parer aux pertes de gaz pendant le
voyage. Je suppose toutefois conservés les 275 kilogrammes
de colis à porter à destination.

Dans cette situation, le poids total des objets plus lourds
que l'air faisant partie du système de l'aérostat est de
3199 kilogrammes, et le centre de gravité de tout le système est placé à $15^m 54$ en contre-bas de l'axe horizontal du
ballon.

DÉVIATION DE L'AÉROSTAT EN MARCHE
PAR RAPPORT A SA POSITION D'ÉQUILIBRE AU REPOS.

En se reportant au calcul des résistances partielles qui
forment la résistance totale à la marche de l'aérostat dans
l'air ambiant, on trouve que la position de la résultante de
ces résistances partielles passe à $13^m 25$ au-dessus de l'axe de
l'hélice.

Nous avons vu aussi qu'en supposant le travail maximum
que les huit hommes, fonctionnant ensemble au treuil de
l'hélice, pourront lui imprimer pendant quelques moments,
il en résultera une poussée horizontale de l'hélice de
$27^{kil.} 58$.

Cet effort produira sur l'aérostat un mouvement de marche
qui s'accélérera jusqu'à ce que la résistance de l'air sur le
système soit devenue égale à $27^{kil.} 58$. Il en résultera alors un
couple tendant à écarter l'aérostat de sa position d'équilibre
au repos.

Ce couple aura pour mesure $27^{kil.}$ 58 $\times$ $13^m 25 =$ $365^{kilog.\ mètres.}$ 43.

En supposant l'aérostat dans sa situation du minimum de stabilité calculé ci-dessus, c'est-à-dire pesant $3,199^{kil.}$ avec son centre de gravité placé à $15^m 54$ en contre-bas de l'axe du ballon, le couple de rappel pour un angle d'inclinaison I, sera $3199^{kil.} \times 15^m 54 \times$ sin. I, d'où l'on tire pour la valeur de l'inclinaison maximum produite par l'allure précitée.

$$\mathrm{Sin.}\,I = \frac{365,43}{319 \times 15,54} = 0,0073$$

Ce qui correspond à un angle de moins de 1/2 degré. Cet angle est complétement négligeable.

La place des hommes, des colis permanents et du lest de consommation dans la nacelle sera réglée de façon que la ligne droite, allant du centre du ballon au centre de la na-celle, soit verticale au départ.

Je ferai remarquer à ce sujet que des changements rela-tivement importants dans la position de poids portés par la nacelle ne modifieront que peu la position d'équilibre de l'aérostat. Par exemple, un homme se transportant de l'avant à l'arrière sur une longueur de $6^m 50$ y produira un couple de $487^{kilog.\ mètres}$ ne modifiant que de 36 minutes, soit de moins de 2/3 de degré, la position d'équilibre de tout le système.

PRODUCTION DU GAZ HYDROGÈNE POUR GONFLER LE BALLON.

D'après les données pratiques de M. Yon, confirmées d'ailleurs par la théorie, pour obtenir de l'hydrogène au moyen de l'action de l'acide sulfurique sur le fer et l'eau, j'ai disposé pour la production du gaz destiné à gonfler le ballon deux systèmes de 4o futailles chacun, pouvant opérer successivement :

Le volume d'une futaille est de. . . . .   690 litres.
On mettra dans chaque futaille tout d'abord, un lit de tournure
    de fer, dit *fer permanent*. . . . .   200 kilog.

Puis pour chaque opération :
    de l'eau . . . .   425 litres.
    du fer . . . . $31^{kil}.250$
    de l'acide sulfurique du commerce à 66 degrés. . . . . .   62 k. 500

Cela fera dans chaque futaille un cube de. . . . .   516 litres
Chaque futaille ainsi chargée doit produire de l'hydrogène . . . $12^{m\,3}500$
Soit pour 40 futailles une opération . . . . 500^{m3}
Le temps d'une opération sera de. . . . .   2 heures

Au bout de deux heures, on procédera au lavage des tonneaux, en débondant les futailles par le bas et en laissant écouler dans les caniveaux les eaux chargées de sulfate de fer. On perdra à ce moment l'hydrogène restant dans l'appareil de production, soit 172 litres par futaille ou 7 mètres cubes sur les 5oo (perte motivée). Une fois les eaux mères écoulées, on procédera au lavage des futailles et des fers qu'elles contiennent jusqu'à ce que l'eau sorte claire, puis on y remettra de nouveau 4a5 litres d'eau pour recommencer

l'opération avec une nouvelle addition de fer et d'acide dans
la proportion donnée ci-dessus.

Pendant le lavage d'une batterie, l'autre batterie de 40 futailles fonctionnera.

L'hydrogène, à sa sortie des futailles, passera dans l'appareil de lavage compris dans un cylindre en tôle plombée de
$1^m 5o$ de hauteur et de $1^m 5o$ de diamètre, contenant de l'eau
froide, maintenue au besoin avec de la glace à près de
o degré. Le gaz débouche ainsi par de petits jets sous un
grand nombre de champignons qui contrarient sa vitesse
d'ascension dans l'eau. Une fois sorti de la masse d'eau qui
occupe le fond du laveur, l'hydrogène, avant de s'échapper
de cet appareil, est encore traversé par une pluie d'eau froide
incessante. Des orifices d'écoulement avec tuyaux recourbés
maintiennent le niveau de l'eau du laveur à la hauteur voulue
sous une pression d'environ 6 centimètres d'eau.

En sortant du laveur, l'hydrogène se rendra dans un appareil sécheur, composé d'un cylindre vertical également en
tôle plombée, de $2^m 7o$ de hauteur et 1 mètre de diamètre,
contenant quatre grilles superposées, chargées de chaux
vive posée sur de la mousse. L'hydrogène arrivé par la
partie basse de ce cylindre en sort par sa partie supérieure. Il passera ensuite dans un vase en verre contenant un
hygromètre et du papier de tournesol, et se rendra de là
au ballon par un tuyau en étoffe préparée comme celle du
ballon. Le laveur et le sécheur ont des couvercles amovibles,
rendus étanches par une fermeture hydraulique suffisante
pour contenir une pression intérieure de plus de 10 centimètres d'eau.

Dans une journée on fera quatre opérations de batterie,

produisant en huit heures 2,000 mètres cubes d'hydrogène, qui seront recueillis dans le ballon. Celui-ci sera maintenu à demi gonflé pendant la nuit, au moyen de son système de cordes de gonflement, disposé pour le préserver des attaques même d'un vent assez fort. Le lendemain il n'y aura plus à produire que 1,454 mètres cubes de gaz qui se feront en trois opérations et en six heures. Le ballon sera alors maintenu gonflé, et, le jour suivant, l'opération de l'ascension aura lieu si le temps est propice. Sinon, le ballon gonflé pourra attendre au besoin quelques jours un temps convenable pour une expérience d'étude.

RÉSULTATS

Note lue à l'Académie le 5 février 1872.

La commission nommée par le Ministre de l'instruction publique pour constater la remise à l'État de l'aérostat et de ses accessoires, et pour assister ensuite aux essais que je demandais à faire, a d'abord pris connaissance des plans et de la note que je viens de lire, puis elle s'est rendue le 8 janvier à Vincennes pour y examiner l'appareil dans le manége du fort Neuf, où il était déposé avec tout le matériel destiné à la production du gaz hydrogène.

Les mauvais temps prolongés qui ont régné pendant presque tout le mois de janvier m'ont obligé à attendre encore avant d'opérer le gonflement du ballon.

Le 3o de ce mois, le temps paraissant s'améliorer, je me décidai à commencer le gonflement.

Cette opération délicate s'est exécutée avec un plein succès, et le volume d'hydrogène résultant de chaque production d'une batterie de quarante tonneaux, a bien été celui annoncé dans ma note de décembre. La force ascensionnelle de ce gaz, mesurée dans un petit ballon d'essai, a été trouvée de 1120 grammes par mètre cube. Toutefois l'opération a marché plus lentement que je ne l'avais prévu. La production du gaz d'une batterie a duré trois heures au lieu de deux, même en abandonnant le restant de production qui se continuait encore lentement au bout de trois heures. Il en est résulté que, dans les journées courtes de cette époque de l'année, ne voulant pas travailler à la lumière, il nous a fallu trois jours pour gonfler entièrement le ballon.

Il était prêt le 1er février au soir ; il a été tenu gonflé toute la nuit du 1er au 2, et, le 2 au matin, on a procédé à son exhaussement du sol, à la hauteur voulue pour permettre le placement de la nacelle avec toute l'installation des filets, des suspentes et des balancines, ainsi que du gouvernail, du tuyau de ventilateur, etc.

Sept batteries avaient suffi pour remplir le ballon, une huitième avait été disposée, prête à réparer, le 2 au matin, les pertes de gaz qui auraient pu se produire ; mais les pertes d'un jour à l'autre étaient inappréciables. Nous avions déjà la preuve que l'étoffe avec son enduit tenait le gaz hydrogène de la façon la plus satisfaisante.

A 9 heures du matin, le tuyau de communication entre le ballon et l'appareil de production du gaz a été enlevé. Ce n'est qu'à 1 heure de l'après-midi que l'ascension a eu lieu, et pendant ces quatre heures le ballon est resté parfaitement gonflé avec ses parois tendues sous la pression du gaz qui n'a pas cessé de remplir les pendentifs.

Le vent s'était élevé depuis le matin avec assez de force dans la direction du sud ; les bulletins du Bureau météorologique de l'Observatoire étaient loin d'être rassurants.

Le 1er février, ils annonçaient baisse du baromètre à Paris vent du sud sur tout le nord de la France, tempête de sudouest à l'entrée de la Manche.

Le 2 février, le ciel était couvert, la pluie était imminente, il ventait sud assez fort à Paris et sur la Manche; le baromètre avait baissé en Hollande.

Néanmoins, et malgré les difficultés que le vent soufflant par rafales nous causait pour l'opération du placement de la nacelle et de ses accessoires, ayant la plus entière confiance dans les facilités que les dispositions de cet aérostat nous donneraient pour opérer la descente, je me décidai à faire une ascension dont la durée n'avait pas besoin d'être prolongée.

Sous l'action d'une forte rafale qui fit tourner le ballon sur lui-même en l'inclinant de la verticale au moment où la nacelle, encore incomplétement liée à ses suspentes, était chargée d'un excédant de l'est, il arriva que les suspentes fixées à l'avant des brancards exercèrent sur ceux-ci une traction latérale à laquelle la nacelle ne put pas céder comme elle l'eût fait si elle avait été suspendue. A ce moment, un des bambous du brancard de l'arrière fut plié, et un des brancards de l'avant fut cassé. Je fis réparer rapidement cette avarie, mais le brancard arrière porte-hélice resta un peu déformé, et il en est résulté une résistance anormale pour faire tourner l'arbre de l'hélice. Cet inconvénient, qui me fut signalé avant de partir, n'était pas de nature à faire ajourner l'essai.

Toutes les suspentes de la nacelle étaient en place ainsi

que les balancines ; l'hélice était montée sur le bout de son
arbre par les soins de M. Bouron, ingénieur de l'usine Clarapède, que j'avais chargé de ce détail et qui avait désiré faire
partie de notre équipage, complété par les principaux chefs
ouvriers ayant surveilllé les divers travaux. Je donnai alors
l'ordre à chacun de prendre son poste, et M. Yon, qui avait
dirigé depuis trois jours les détails de cette difficile opération du gonflement avec une intelligence et un zèle dont je
tiens à le remercier ici, se chargea aussitôt de régler le lest
pour partir au plus vite.

L'aérostat, avec tout le matériel énuméré dans la note
remise en décembre à la commission, ayant de plus 25 kilogrammes de cordages supplémentaires, avec son équipage
de quatorze personnes, était sensiblement en équilibre au
ras du sol, la nacelle contenant 650 kilogrammes de lest en
sable dans des sacs de 15 et de 10 kilogrammes.

A partir de ce moment il a été encore sorti de la nacelle
dix sacs de 15 kilogrammes, ce qui a donné à la force ascensionnelle un excédant de 150 kilogrammes sur le poids. Au
signal donné, les cordes de retenue ayant été lâchées,
l'aérostat s'est élevé assez rapidement pour que nous n'ayons
pas eu un instant à craindre d'être poussés par une rafale
contre un des édifices bordant la cour du fort Neuf.

Il était 1 heure au moment du départ, et le baromètre
marquait près du sol 755 milimètres ; le vent paraissait souffler du sud assez fort ; la température était de 8 degrés.

Préoccupé d'autres soins, je n'ai point fait observer la
vitesse d'abaissement du baromètre pendant l'ascension sous
l'action de la force précitée. Ce n'est qu'à 1ʰ 15ᵐ que nous

avons commencé dans la nacelle nos observations régulières.

Peu de minutes après le départ, on a descendu sur son coussinet arrière l'arbre de l'hélice, qui, comme je l'ai fait connaître dans la note explicative, est fait pour se relever, avant le départ et au moment de toucher terre, par un mouvement angulaire qui écarte l'hélice du sol et la met à l'abri des chocs susceptibles de l'avarier. L'hélice a été mise alors en mouvement par les huit hommes à la fois ; doucement d'abord, plus vite ensuite. Le gouvernail a été porté à droite, puis à gauche, puis tenu dans le plan diamétral pour voir comment l'aérostat répondait à son action.

Dès que l'hélice a été mise en mouvement, l'influence du gouvernail s'est immédiatement fait sentir dans le sens voulu, ce qui prouvait déjà que l'aérostat avait une vitesse propre par rapport à l'air ambiant.

L'anémomètre présenté au courant d'air à l'avant de la nacelle restait d'ailleurs immobile tant que l'hélice était stoppée, et tournait dès que l'on faisait fonctionner l'hélice motrice ; il prouvait donc aussi que l'aérostat avait une vitesse propre sous l'influence de son moteur.

Mais, avant d'aller plus loin, je vais dire un mot des instruments que j'avais préparés pour mesurer la vitesse propre à l'aérostat, constater les directions dans lesquelles agissait cette vitesse, mesurer, d'autre part, la direction de la route suivie par l'aérostat par rapport à la terre et sa vitesse sur cette route.

Tout en constatant la solution du problème de la stabilité d'un ballon oblong, il est clair que l'objet de l'expérience que j'avais entreprise consistait, en outre, à reconnaître : $1°$ quelle vitesse l'aérostat obtenait par rapport à l'air ambiant sous l'influence de son hélice mise en mouvement à telle ou telle vitesse; $2°$ de quelle façon il obéissait à son gouvernail soit pour maintenir le cap dans une direction voulue, soit pour changer cette direction à volonté.

Prévoyant que je rencontrerais dans cette saison des vents trop rapides, en présence desquels la vitesse propre à l'aérostat ne pourrait produire qu'une déviation angulaire peu considérable, je tenais à constater directement cette vitesse de l'aérostat par un moyen analogue au loch usité en mer, qui donne la vitesse sur l'eau indépendamment des courants. Un appareil aérien, analogue au loch, était difficile à installer, à cause de l'hélice de 9 mètres de diamètre tournant à l'arrière de la nacelle. Je me décidai à construire un anémomètre au moyen d'une petite hélice légère à quatre ailes, d'un pas assez allongé pour qu'il fût facile de compter le nombre de tours. Cet anémomètre à hélice, une fois construit, a été ensuite expérimenté directement à terre, en le transportant dans le sens de son axe avec une vitesse connue, dans un local à l'abri de tout courant d'air ; j'ai reconnu ainsi que la vitesse de translation de cet anémomètre et le nombre de tours qui en résultaient étaient liés par l'équation

$$V = 1^{m}12\,\frac{n}{60} + 0^{m}21,$$

en appelant V la vitesse de translation par seconde, n le nombre de tours par minute.

J'ai ainsi dressé un tableau donnant de suite la vitesse de translation de l'aérostat par rapport à l'air ambiant en fonction du nombre de tours de l'anémomètre.

La direction du cap a été obtenue comme dans tout navire, au moyen d'une boussole fixée dans la nacelle et ayant la ligne de foi parallèle au grand axe du ballon.

Pour mesurer la route suivie par l'aérostat par rapport au sol, j'ai pris une boussole d'embarcation de la marine, sur une des faces latérales de laquelle j'ai fixé une planchette parallèle au plan vertical passant par la ligne de foi de la boussole. Le champ de cette planchette est peint en noir, la partie formant surface verticale parallèle à la ligne de foi a été maintenue blanche ; de cette façon, il est très-facile de s'assurer qu'on a le rayon visuel placé dans le plan vertical précité. Quant à la verticabilité de ce plan, elle résulte suffisamment de la suspension de la boussole qu'on tient libre à la main.

En remarquant un objet quelconque bien visible sur la terre, et passant sous l'observateur, puis en tournant la planchette de la boussole dans la direction du même objet, quand il est bien écarté de la verticale, on lit directement sur la boussole la direction de la route suivie sur la terre.

C'est, du reste, le procédé déjà indiqué par M. Janssen.

J'ai complété cet instrument par une disposition telle que la même observation donne la vitesse de l'aérostat sur le sol, en fonction de sa hauteur, de la manière suivante :

Sur la planchette en question, sont fixées trois broches métalliques formant un triangle, dont la hauteur est double de sa base horizontale. On note à une montre à secondes le moment du passage de l'objet pricité dans la direction du côté du triangle le plus rapproché de la verticale, puis ensuite le moment du passage de ce même objet dans la

direction du côté le plus incliné. Le nombre de secondes
écoulées entre les deux passages donne le temps que l'aérostat a mis à parcourir, par rapport au sol, une distance
égale à la moitié de sa hauteur.

J'avais fait préparer à l'avance une épure donnant, à sa seule
inspection, la vitesse sur le sol en fonction de la hauteur et
de la durée en secondes de l'observation précitée.

Quant aux hauteurs de l'aérostat, je les lisais directement,
avec une approximation suffisante pour la nature de cette
expérience, sur le cadran d'un baromètre anéroïde, gradué
à cet effet en mètres de hauteur, cadran mobile sur celui
des graduations en millimètres de manière à placer le zéro
des hauteurs vis-à-vis le nombre de millimètres constaté à
terre au moment du départ.

Les températures n'ont été observées qu'au moyen d'un
thermomètre ordinaire d'une sensibilté médiocre, mais suffisante pour ce que j'avais en vue.

Pour plus de simplicité, j'ai relevé toutes les directions de
route et celle du cap, *par rapport au méridien magnétique*,
et je vais les relater telles quelles dans ce qui va suivre.

Reprenant le récit de l'essai du 2 février, je rappelle que,
depuis le moment du départ du sol, à 1 heure jusqu'à 1ʰ 15ᵐ,
nous avons fait diverses évolutions, et nous nous sommes
assurés que tout fonctionnait bien sans nous occuper à prendre des mesures précises.

A 1ʰ 15ᵐ, j'ai fait stopper l'hélice pour reconnaître la direction dans laquelle nous entraînait le vent seul. — Les
observations de 1ʰ 15ᵐ à 1ʰ 20ᵐ donnent :

Hauteur de la nacelle au-dessus du niveau du point
   de départ . . . .   560 mètres.
Température. . . . . , .   6 degrés.
Direction de la route sur le sol (méridien magnétique).   N.-E. 7° N.
Vitesse dans cette direction. . . . .   12 mètres par seconde.
Ou. . . . .   43200 mètres par heure.

A 1ʰ 30ᵐ, hélice en mouvement, avec ordre au timonier
de maintenir le cap au sud-est, faisant ainsi un angle de
97 degrés avec la dernière route rélevée avec le vent seul :

Hauteur. . . . .   607 mètres.
Température. . . . .   6 degrés.
Cap (direction moyenne, avec des variations de quel-
   ques degrés de chaque bord) . . . . , . . .   S.-E.
Nombre d'hommes à l'hélice. . . . .   8.
Nombre de tours d'hélice par minute. . . . .   25.
Vitesse propre à l'aérostat mesurée à l'anémomètre.   2ᵐ,35 par seconde.
Ou. . . . .   8460 mètres par heure.
Vitesse de l'aérostat sur le sol. . . . .   12 mètres par seconde.
Ou. . . . .   43200 mètres par heure.
Direction de la route sur le sol. . . . .   N.-E. 5° E.
Angle de cette route avec la précédente. . . . . . .   12 degrés.

A 1ʰ 45ᵐ, hélice stoppée :

Hauteur. . . . .   580 mètres.
Température. . . . . , . . .   6 degrés.
Vitesse sur le sol. . . . . , . .   15 mètres par seconde.
Ou. . . . .   54000 mètres par heure.
Direction sur le sol. . . . .   N.-E. 5° N.
Angle de cette route avec la précédente. . . . . . .   10 degrés.

A 1ʰ 55ᵐ, hélice toujours stoppée ; la route change visi-
blement peu à peu de direction ; quand elle est devenue de

nouveau constante, l'instrument de relèvement a donné :

Pour la direction sur le sol. . . . . N.-E. 5° E.

A 2 heures, hélice en mouvement :

Hauteur. , . . . 608 mètres.
Température. · . . . . 5 degrés.
Direction du cap. S.-E.
Nombre d'hommes à l'hélice. · . . . . 8.
Nombre de tours d'hélice par minute. . . . . 26.
Vitesse propre à l'aérostat mesurée à l'anémomètre. . 2^m,45 par seconde.
Ou . . . . 8820 mètres par heure.
Vitesse de l'aérostat sur le sol. . . · . . . . 16 mètres par seconde.
Ou. . . . . · . . . . 57600 mètres par heure.
Direction de la route sur le sol. . . . . N.-E. 15° E.
Angle de cette route avec la précédente. . . . . 10 degrés.

A 2^h 15^m, hélice marchant encore :

Hauteur. . . . . 660 mètres.
Température. . . . . 5 degrés.
Direction moyenne du cap. . . . . S.-E.
Nombre d'hommes à l'hélice. . . . . 8.
Nombre de tours de l'hélice par minute. . . . . 27$\frac{1}{2}$.
Vitesse propre à l'aérostat mesurée à l'anémomètre. . 2^m,82 par seconde.
Ou. . . . . 10^m,252 par heure.
Vitesse de l'aérostat sur le sol. . . . . 17 mètres par seconde.
Ou. . . . . 61200 mètres par heure.
Direction de la route sur le sol. . . . . N.-E. 16° E.
Angle de cette route avec la dernière observée avec
    le vent seul. . . . . 11 degrés.

A 2^h 30^m, hélice stoppée :

Hauteur. . . . . 910 mètres.
Température. . . . . 5 degrés.

Vitesse de l'aérostat sur le sol. . . . .   17 mètres par seconde.
Ou. . . . .   61200 mètres par heure.
Direction de la route sur le sol. . . . .   N.-E. 6° E.
Angle de cette route avec la précédente. . . . .   10 degrés.

A 2ʰ 35ᵐ, hélice stoppée :

Hauteur. . . . .   1020 mètres.
Température. . . . .   4 degrés.
Vitesse de l'aérostat sur le sol. . . . .   16ᵐ,50 par seconde.
Ou. . . . .   59400 mètres par heure.
Direction de la route sur le sol. . . . .   N.-E. 6° E.

A partir de 2ʰ 35ᵐ, nous nous sommes occupés à descendre pour prendre terre et, à 3 heures précises, nous touchions le sol au-delà de Mondécourt, à 10 kilomètres un quart dans l'est, 17 degrés nord de Noyon.

Il me paraît intéressant de relater ici le fait suivant, sans que j'y attache une importance exagérée ; mais il est cependant de nature à corroborer la confiance que m'inspire la méthode indiquée ci-dessus pour mesurer les directions de route et les vitesses sur le sol.

A 1ʰ 15ᵐ, nous avions marqué de notre mieux notre point sur la carte de l'état-major ; malheureusement, je n'ai pas réussi à ce moment à retrouver sur la terre la cour du fort Neuf de Vincennes, déjà trop éloignée. Quoi qu'il en soit, M. Zédé a tracé sur la carte, à partir du nouveau point de départ, les directions et les vitesses que je lui dictais, et quand, sur le point d'atterrir, nous nous sommes demandé quel pouvait être le village au-dessus duquel nous allions passer, M. Zédé, confiant dans sa route tracée sur la carte, nous répondit que ce devait être Mondécourt, sur les confins du département de l'Oise et de l'Aisne. Un instant après, les villageois, à qui nous demandions en passant sur leur tête quel était le nom de leur village, nous répétaient en criant le nom de Mondécourt.

L'opération de l'atterrissage s'est faite avec un plein succès, sans aucune secousse, malgré la force du vent, grâce à la forme de l'aérostat qui s'est présenté debout au vent dès que la corde du guide-rope eut traîné quelque temps sur le sol, et grâce aussi au point d'attache de ce guide-rope et de la corde de l'ancre, non plus sur la nacelle même, mais près de la pointe avant du ballon sur le point de bridure des dernières pattes d'oie du filet porteur, point relié au restant de ce filet par une filière en faisant le tour.

Ayant touché le sol à 3 heures, nous avons été bientôt entourés de paysans qui nous ont aidés à contenir la nacelle, pendant qu'avec la soupape ouverte nous dégonflions le ballon. A $3^h 15^m$, l'hélice, l'organe le plus délicat de cet ensemble, était démontée sans aucune avarie et séparée de la nacelle ; à 6 heures, le ballon, la chemise et le filet étaient pliés et placés sous une bâche, sous la garde de deux hommes de notre équipage, en attendant que deux camions, demandés à la station du chemin de fer à Noyon, vinssent chercher le tout. Ballon, nacelle, hélice, le tout en bon état, sont maintenant en route ou rendus à Paris.

Revenons sur quelques faits importants de cette expérience : il me reste d'abord à dire que la stabilité de la nacelle, due à son nouveau mode de suspension a été parfaite ; elle n'éprouvait *aucune oscillation* sous l'action des huit hommes travaillant au treuil de l'hélice, et l'on pouvait se porter facilement plusieurs personnes à la fois à gauche et à droite, ou de l'avant à l'arrière, sans qu'on s'aperçût d'aucun mouvement, pas plus que sur le parquet d'un salon.

Évidemment le centre de gravité se déplaçant, il y avait un petit changement de quelques fractions de degré dans la verticale de tout le système, ballon et nacelle, ainsi que cela ressort des calculs présentés dans la note explicative, chapitre : *Stabilité;* mais il était impossible d'apercevoir un mouvement relatif de la nacelle par rapport au ballon, ni rien d'analogue aux oscillations d'une embarcation flottante dont l'équipage se déplace.

En ce qui concerne le maintien de l'horizontalité de l'axe longitudinal du ballon oblong, l'expérience a été aussi des plus concluantes.

Avec le ballon plein de gaz léger, il n'y a guère de motif pour que cette horizontalité soit compromise. Avec le ballonnet gonflé à l'air, remplaçant ainsi l'hydrogène faisant défaut au volume, le résultat est le même. La circonstance critique pour la stabilité, celle qui ne pourrait manquer d'amener une déviation intolérable dans l'horizontalité du grand axe d'un ballon oblong, non muni d'un système analogue à celui de mon filet de balancine, c'est le cas d'un dégonflement partiel.

Ayant la plus entière confiance dans le système de suspension, je n'ai pas hésité à en faire l'expérience. Pendant que nous descendions de 1,020 mètres, le ballon s'est bientôt frisé par dessous : c'eût été le moment de faire fonctionner le ventilateur pour gonfler le ballonnet; j'ai fait attendre pour souffler que nous fussions revenus à 600 mètres. La diminution de volume et les plis du ballon étaient alors très-

accentués, et il était intéressant de voir à ce moment les balancines de l'avant et de l'arrière se roidir tour à tour et
contenir dans la position horizontale chaque extrémité du
ballon, dès qu'elle témoignait une velléité de s'élever.

J'ai fait ensuite fonctionner le ventilateur, pour ne pas
descendre à terre avec le ballon trop dégonflé ; mais le volume
du ballonnet ne pouvant compenser la réduction du volume
de gaz que pour une descente de 866 mètres, nous avons
atteint le sol avec d'assez fortes rides longitudinales sous le
ballon. Ce fait n'a présenté d'ailleurs aucun inconvénient,
puisque nous ne cherchions plus à gouverner en faisant mar-
cher l'hélice, nous reposant sur l'action des traînes et du
guide-rope pour nous ramener vent debout.

Il ne reste plus, pour compléter l'exposé de cette journée
d'essai, qu'à dire qu'étant partis avec le ballon tout gonflé et
le *ballonnet à air aplati,* il nous a fallu jeter 3oo kilogrammes de lest, pour monter à 1,o2o mètres, avec l'aide des
15o kilogrammes de force ascensionnelle que nous nous
étions donnée au départ. Nous n'avons eu à jeter de lest, en
plus de celui nécessaire pour monter, qu'une quantité très-
minime, ne représentant que les condensations par refroi-
dissement ou l'alourdissement des étoffes quand nous avons
reçu un peu de pluie ; mais les pertes de gaz à travers
l'étoffe, pendant deux heures qu'a duré cette expérience,
ont été très-peu sensibles, et nous eussions pu, si cela nous
eût convenu, continuer de nous maintenir en l'air pendant
bien longtemps.

Le résumé des faits acquis par l'essai du 2 février peut
se formuler ainsi :

1° Stabilité assurée malgré la forme oblongue, grâce au système du filet de balancines ;

2° Maintien de la forme au moyen du ballonnet à air ;

» 3° Faculté de maintenir le cap dans une direction voulue quand l'hélice fonctionne, malgré quelques embardées dues en grande partie à l'inexpérience du timonier ;

4° Vitesse déjà importante imprimée à l'aérostat par rapport à l'air ambiant au moyen de l'hélice mue par huit hommes, cette vitesse s'étant élevée à 2^m82 par seconde ou $10\frac{1}{4}$ kilomètres par heure pour $27\frac{1}{4}$ tours d'hélice par minute ;

» 5° Le rapport de la vitesse propre de l'aérostat au produit du pas de l'hélice par son nombre de tours est de 776 pour 1,000 ; dans mon exposé des plans de l'aérostat, j'avais estimé ce rapport à 100 pour 126, soit 795 pour 1,000. La résistance totale de l'aérostat, comparée à celle de l'hélice, est donc sensiblement telle que je l'avais prévue.

6° Les huit hommes employés pour obtenir ces $27\frac{1}{4}$ tours par minute développaient, en moyenne, un travail dont je n'ai pas la mesure exacte, mais que je ne saurais estimer à plus de 60 kilogrammètres, surtout en raison du frottement anormal de l'arbre de l'hélice dans ses coussinets dont j'ai parlé précédemment.

Si l'on parvenait à se mettre bien à l'abri des dangers que présente une machine à feu portée par un ballon à hydrogène, on ferait facilement une machine à gaz ou à air chaud de huit chevaux de 75 kilogrammètres avec le poids du treuil à bras et de huit hommes dont on diminuerait le chiffre de l'équipage. On brûlerait, soit du gaz hydrogène, soit un combustible liquide ou solide, dont on prélèverait alors le poids sur le lest de route. Le travail moteur serait de 600 kilogrammètres, c'est-à-dire dix fois plus grand qu'avec le treuil à bras, et la vitesse de $10\frac{1}{4}$ kilomètres à l'heure, obtenue le 2 février, s'élèverait avec le même aérostat à 22 kilomètres à l'heure. On obtiendrait ainsi un appareil capable non-seulement de se dévier du lit du vent d'un angle considérable par des vents ordinaires, mais pouvant même assez souvent faire route par rapport à la terre dans toutes les directions qu'on voudrait suivre.

RAPPORT

DE LA

COMMISSION INSTITUÉE POUR EXPÉRIMENTER L'AÉROSTAT

DUPUY DE LOME.

Monsieur le Ministre,

Les aérostats venaient à peine d'être découverts que le désir de les diriger et de transformer ainsi en une navigation aérienne ce qui, dans la célèbre expérience de Montgolfier, n'avait été qu'une simple ascension, vint s'emparer de tous les esprits.

Cette possibilité de la direction des ballons avait été annoncée comme très-probable dans le rapport présenté à l'Académie des sciences le 23 décembre 1783.

Guyton de Morveau, de l'académie de Dijon, essaya, par la voie de l'expérience, de transformer cette probabilité en certitude. Mettant en pratique, avec quelques-uns de ses confrères de cette académie, les principes qu'il lui avait soumis le 11 décembre, il construisit un ballon à peu près sphérique, rempli d'hydrogène, porteur d'une proue et d'un gou-

vernail en toile, muni de rames, et, après deux essais peu
fructueux, il parvint à le faire dévier d'une manière sensible
de la direction que tendait à lui imprimer le vent, d'ailleurs
très-faible, qui soufflait à Dijon ce jour-là, et à prouver ainsi,
en faisant quelques évolutions, que la direction des aérostats
était possible.

Les essais de ce genre ne furent cependant pas suivis, et,
malgré l'emploi des ballons comme auxiliaires dans l'art de
la guerre, pendant les campagnes de la Révolution et du
Consulat, on ne vit plus se reproduire de tentatives relatives
à leur direction.

Ce n'est pas que ce problème ne fût pourtant de ceux qui
captivent le plus les imaginations, dont les élans ne suffi-
raient pas pour le résoudre. Aussi les annales scientifiques
n'ont-elles eu à enregistrer que des projets trop informes
pour qu'un savant versé dans l'étude de la mécanique eût
pu en conseiller l'exécution.

Il ne faut pas ranger dans cette catégorie ceux qui furent
effectués en 1852 et surtout en 1855 par M. Giffard, ingénieur bien connu par l'injecteur automatique qui porte son
nom, et qui, passionné pour l'aérostation, a consacré
à son étude, d'une manière persévérante et digne, les loisirs
et la fortune qu'il doit aux succès de son invention.

Dans son essai de 1855, il a fait usage d'un ballon de
4,500 mètres cubes, plein de gaz d'éclairage, de forme
allongée, muni d'une voile-gouvernail et d'un propulseur à
hélice mu lui-même par une machine de trois chevaux.
Mais les proportions de l'appareil et l'absence d'un moyen
propre à maintenir le ballon gonflé rendirent cette ascension
dangereuse pour ceux qui le montaient.

L'aérostat, qui s'éleva rapidement à 5oo mètres, resta pendant une vingtaine de minutes presque stable. La machine mise en mouvement dut imprimer au ballon une certaine vitesse, mais cette vitesse était faible et ne fut pas mesurée. Au moment de la descente, ce ballon, diminuant de volume, s'inclina de plus en plus, en approchant de la terre. Son inclinaison était telle, à 2oo mètres du sol, que le gaz sortait, en raison de sa légèreté spécifique, par l'appendice qui alors n'était plus placé assez au-dessous. On fut obligé de jeter tout par-dessus bord pour atterrir sans accident. Au moment où l'on touchait terre, le ballon avait une inclinaison si prononcée qu'il put sortir de son filet, qui tomba sur la tête des aéronautes. Le ballon fit alors une seconde ascension libre et retomba en deux morceaux de grandeur égale qui furent recueillis à une petite distance du point où la descente avait eu lieu. Le temps cependant était parfaitement pur et le vent ne faisait pas 4 mètres à la seconde. Aussi, quoique M. Giffard se soit livré depuis à des études sur la bonne confection des étoffes propres à l'établissement des aérostats et que ses essais sur son ballon captif de l'exposition de 1867 montrent que ses idées étaient encore alors tournées vers ce sujet, il n'a rien publié qui tendît à présenter comme réalisable la direction des aérostats, et la forme allongée qu'elle nécessite était restée pour les aéronautes un sujet d'inquiétude au point de vue de la stabilité.

Les projets pour trouver un moyen pratique de résoudre ce problème se succédèrent rapidement pendant le siége. Le ballon devint le seul moyen de faire parvenir en province des nouvelles de Paris, et le succès de ces messages aériens amena de nouveau beaucoup d'esprits à réfléchir sur les moyens de faire une route inverse, c'est-à-dire, d'apporter de la province des nouvelles à la capitale. Mais, bien qu'élaborés sous l'influence d'un sentiment généreux, ces projets montraient pour la presque totalité, dans leurs auteurs, plus de patriotisme que de science. Aussi, dans la multiplicité des communications faites sur ce sujet à l'Académie, on n'en compte qu'un bien petit nombre dans lesquelles se manifestaient quelques idées saines qu'on pouvait espérer utiliser plus tard, s'il survenait un savant qui, familier avec les principes de la mécanique, ferait de la construction des ballons dirigeables l'objet d'une étude approfondie et rationnelle que personne n'avait encore réalisée jusque-là.

Le désir de voir surgir un pareil travail reçut une satisfaction complète dans la séance du 10 octobre 1871, dans laquelle M. Dupuy de Lôme exposa verbalement à l'Académie ses plans pour la constructon d'un aérostat dirigeable, plans qui furent insérés dans le compte rendu du 17 du même mois. A l'audition de cette lecture, chacun fut convaincu que la question de la direction des aérostats, entrant dans une phase nouvelle, venait de faire un grand pas, et se montra plein de confiance dans les projets de navigation aérienne du savant ingénieur qui avait modifié d'une manière si profonde et si heureuse le matériel de nos flottes de guerre. Aussi le décret du gouvernement de la défense nationale, qui chargea M. Dupuy de Lôme de faire exécuter pour le compte de l'État un aérostat dirigeable, conformément aux vues qu'il avait exposées à l'Académie des sciences, fut-il l'objet d'une universelle approbation. Elle fut encore plus vive quand on apprit plus tard qu'un autre projet qui, faute de mieux, avait été accepté par la commission scientifique de la défense nationale, n'avait pas tenu tout ce qu'il avait promis.

M. Dupuy de Lôme posait en principe que le ballon dirigeable devait être de forme allongée ; mais la difficulté à résoudre avant de songer à étudier les questions si nombreuses que soulève la construction d'un navire aérien était de trouver d'abord le moyen de le tenir toujours gonflé par une pression intérieure légèrement supérieure à la pression atmosphérique, de manière qu'aux diverses hauteurs dans l'air, il présentât toujours une forme constante. De là l'invention d'un diaphragme qui, séparant du ballon même un espace intérieur désigné par le nom de ballonnet et maintenu plein d'air, quand il le faudrait, à l'aide d'un ventilateur, était destiné à tenir le ballon toujours gonflé et à jouer dans l'ascension et dans la descente le rôle de la vessie natatoire du poisson.

Plus occupé de faire ses calculs que de fouiller dans les archives des manuscrits conservés dans les bibliothèques, M. Dupuy de Lôme ne pouvait connaître ce que savaient par devoir ceux qui sont chargés de la garde de ces collections, et ignorait qu'il existât dans celle du Conservatoire des arts et métiers un projet de rapport de Monge, écrit de sa main mais non signé, sur un mémoire de Meunier intitulé : « Mémoire sur l'équilibre des machines aérostatiques, sur les différents moyens de les faire descendre et monter, et spécialement sur celui d'exécuter ces manœuvres sans jeter du lest ou sans perdre d'air inflammable, en ménageant dans le ballon une cavité particulière destinée à contenir de l'air atmosphérique. »

On voit par la lecture de ce titre, et mieux encore par celle
du manuscrit même, que Meunier, ne s'occupant pas de la
direction des ballons, avait imaginé, dans le but unique de
faciliter leur ascension et leur descente, quelque chose d'a-
nalogue à ce que M. Dupuy de Lôme venait d'inventer à son
tour, en le rendant d'ailleurs beaucoup plus pratique. Aussi
la similitude de pensée qui se manifestait à quatre-vingts
ans de distance entre deux esprits aussi éminents, augmenta
la confiance dans l'appareil que M. Dupuy de Lôme avait
commencé à exécuter avec les ressources limitées que pouvait
lui offrir Paris assiégé. Quoiqu'il y ait lieu de croire, en
voyant la persévérance dont il a fait preuve, qu'il ne se serait
pas découragé pour si peu, il est peut-être heureux qu'il ait
ignoré alors ces travaux inédits, ainsi que les détails de
l'expérience exécutée à Saint-Cloud avec une machine aéros-
tatique, construite selon ces principes par MM. Robert. La
mauvaise disposition du ballon intérieur mit la vie des
aéronautes dans le plus grand danger, bien que Meunier, qui
avait pourtant assisté aux préparatifs de l'ascension, pré-
tende que ces accidents furent le résultat de fautes qu'il
aurait été, dit-il, facile d'éviter.

Les espérances qu'avaient fait concevoir les études du
ballon dirigeable s'augmentèrent encore chez ceux d'entre
nous qui, ayant pu examiner dans le cabinet de M. Dupuy
de Lôme le modèle en petit du ballon qui se construisait,
avaient vu avec surprise et vivement apprécié un mode
de suspension tout nouveau obtenu par un système de
cordes dont l'ensemble présentait toute la rigidité des tiges
métalliques, dans des limites d'inclinaison que le grand axe
du ballon ne pouvait jamais atteindre. Ces espérances aug-

mentaient encore pour ceux qui allaient constater dans les bâtiments du palais de l'exposition, où étaient les ateliers, les soins si minutieux qui présidaient à la construction de chaque détail de l'appareil. Mais elles devinrent beaucoup plus vives quand, après les arrêts inévitables et les péripéties qu'avaient amenés la capitulation de Paris ainsi que les événements désastreux qui l'ont suivie, M. Dupuy de Lôme, à votre instigation, Monsieur le Ministre, continuant et complétant son travail, lut à la commission que j'ai l'honneur de présider le mémoire qui résume tous ses calculs et ses espérances, mémoire dont une épreuve est déjà sous vos yeux. Il n'est pas un d'entre nous qui, voyant avec quel soin extrême chacun des détails les plus minimes de cette construction nouvelle avait été prévu et calculé, ne s'identifiât avec le constructeur et n'éprouvât une impatience presque égale à la sienne de voir si l'expérience viendrait confirmer ses prévisions. Quelques jours après, la commission put constater à Vincennes, en voyant le ballon gonflé d'air dans le manége, la perfection de l'œuvre dont elle avait entendu la description, et s'assurer que tout était prêt pour remplir le ballon d'hydrogène, mais il fallut pendant près d'un mois ajourner cette opération. Elle ne pouvait se faire qu'en plein air dans la cour du Fort-Neuf, et le temps pluvieux qui s'est prolongé pendant cette période désespérante ne permettait pas de laisser le ballon exposé aux bourrasques qui pouvaient survenir à chaque instant.

Enfin, les nouvelles données par l'Observatoire sur l'état du ciel dans les régions de l'Europe par où nous arrivent les tempêtes, paraissant favorables, on a pu procéder au gonflement du ballon pendant les journées des 30 et 31 jan-

vier et du 1er février. Cette opération s'est faite sans difficultés; les appareils, disposés par M. Dupuy de Lôme, et
qui sont, ainsi que le ballon, la propriété de l'État, ont fort
bien fonctionné, et l'odeur d'hydrogène, à peine apprécia-
ble, montrait déjà que les soins spéciaux et tout nouveaux
apportés au vernissage des étoffes avaient notablement diminué la déperdition du gaz. Quoique le rayon de soleil
qui luisait le 1er février n'eût pas tenu tout ce qu'il semblait
promettre, et que le vent qui soufflait dans la matinée du 2
fût notablement plus fort que celui sur lequel M. Dupuy de
Lôme avait compté pour exécuter ses essais, le ballon, dont
le gonflement avait été terminé le matin même, était à onze
heures prêt au départ. Ce départ fut un peu retardé par une
légère avarie arrivée à la nacelle, avarie qu'aurait prévenue
le gonflement opéré dans un lieu clos. Cet accident réparé
promptement et les dispositions prises, le ballon s'est élevé
à une heure avec assez de rapidité pour le porter promptement au-dessus des édifices environnants. Dans sa majes-
tueuse ascension, il enlevait *quatorze personnes* contenues
dans la nacelle, qui, par le mode de suspension adopté, devait
rester presque horizontale : M. Dupuy de Lôme et ses principaux collaborateurs, ainsi que neuf hommes constituant le
personnel de l'équipage. Dix à quinze minutes après, l'hélice fut mise en place; on la vit en mouvement. Le ballon,
en même temps, en présentant plusieurs faces d'une manière
successive, montra que les effets de son gouvernail s'obte-
naient sans difficulté. A partir de ce moment, c'était de
M. Dupuy de Lôme lui-même qu'on pouvait recevoir le
récit de ce qui se passait dans les régions supérieures de
l'atmosphère, mais chacun en se retirant était plein d'espé-

rance de recevoir bientôt la nouvelle que les prévisions qui
avaient présidé à la construction du ballon avaient été réali-
sées. Ces espérances n'étaient pas vaines ; le télégramme
envoyé à Paris, de Noyon où s'était opérée la descente après
deux heures de navigation aérienne, disait en effet : « Réus-
site complète sur tous les points, tous nos compagnons bien
portants et ravis. » Il y avait surtout lieu d'être ravi pour
M. Dupuy de Lôme, qui terminait ainsi cette longue étude,
et pour ses collaborateurs principaux, M. Zédé, ingénieur de
la marine, et M. Yon, aéronaute passionné. En deux heures
de temps, ils avaient pu parcourir 106 kilomètres, s'assurer,
par l'emploi d'un anémomètre spécial par lequel M. Dupuy
de Lôme avait remplacé le loch des marins, que huit hommes tournant l'hélice pouvaient imprimer au ballon une
vitesse de $2^m 82$ par seconde, vitesse sensiblement égale à
celle qu'il avait calculée, et permettre au ballon de suivre
une direction faisant un angle de 12 degrés avec celle du
vent qui soufflait avec une vitesse de 16 à 17 mètres
par seconde. Sauf quelques embardées légères qui, outre
l'inexpérience du timonnier, provenaient en grande partie de l'absence d'une pièce indiquée par M. Dupuy de
Lôme dans son mémoire à l'Académie et supprimée, pour
plus de simplicité, lors de la construction, le gouvernail
avait parfaitement fonctionné, et le cap avait été maintenu
dans la direction voulue. Le *point* fait dans la nacelle, en
combinant la vitesse du ballon emporté par le vent, quand
on rendait l'hélice immobile (vitesse obtenue par un relèvement direct sur la terre), avec celle que lui imprimait
l'hélice, déduite à son tour du mouvement de l'anémomètre,
avait été fait aussi exactement que dans la cabine d'un na-

vire, et la descente, effectuée au point désigné sur la carte, avait eu lieu avec un plein succès, malgré la vitesse du vent (17 mètres par seconde) qui soufflait en ce moment.

Ce fut un beau jour pour l'Académie des Sciences que celui où M. Dupuy de Lôme lui communiqua tous ces détails. Elle était heureuse de constater la réalisation des espérances émises dans son sein en 1783 et de voir que c'était au pays où les ballons avaient été inventés que revenait l'honneur d'avoir fait le premier pas sérieux dans l'art de les diriger.

Le travail si remarquable de M. Dupuy de Lôme a pour résultat définitif de faire sortir la question du vague dans lequel elle avait été maintenue jusqu'ici et de servir de point de départ nécessaire à tout ce qu'on voudra continuer dans ce sens.

Tous ces résultats sont, comme M. Dupuy de Lôme l'avait si bien prévu, la conséquence d'abord de la forme allongée et de l'excellent fonctionnement du ballonnet, qui, gonflé par le ventilateur, a maintenu constante la forme du ballon lui-même, condition indispensable pour qu'on pût appliquer à la navigation aérienne les connaissances acquises dans la construction des navires de mer; ensuite de la stabilité presque absolue que procure le mode de suspension tout nouveau adopté dans la construction du ballon et qui permet de se promener sur le fond de la nacelle restant toujours sensiblement horizontale, comme on le ferait sur le parquet d'un salon.

Cette forme, de moindre résistance à l'air, adoptée par M. Dupuy de Lôme pour la coupe du ballon, et l'innovation d'attacher, non à la nacelle, mais au ballon lui-même, la corde de l'ancre et la grosse corde, *guide-rope*, qui, en traînant sur le sol, doit ralentir sa vitesse, a contribué pour une grande part à la sécurité de la descente et a permis un atterrissement tout à fait sans danger. On conçoit, en effet, que ce *guide-rope*, maintenant le ballon vent debout par son frottement sur le sol, le place nécessairement dans la position où il doit recevoir du vent la moindre impulsion possible.

Le ballon est revenu de cette première épreuve dans un état de conservation parfaite, et tout porte à croire qu'il pourra servir à des voyages nombreux. L'État, qui le reçoit, possède ainsi un navire aérien qu'il pourra mettre à la disposition de ceux à qui il jugera convenable de confier la continuation des essais qui ne peuvent certainement pas en rester là. En laissant même de côté ce qui concerne sa direction, ce ballon pourra servir avec le plus grand avantage à réaliser dans l'atmosphère ces études qui seraient si importantes pour résoudre un grand nombre de questions de physique et de météorologie.

Mais, pour que le ballon puisse servir ainsi d'une façon presque habituelle aux progrès de la science, il faut deux choses : d'une part qu'on parvienne à le gonfler d'une manière plus économique, de l'autre qu'on puisse le garder à l'aise, gonflé, dans un lieu clos, afin de pouvoir le sortir au moment convenable pour le voyage. A ce navire aérien il faut évidemment un port.

C'est aux chimistes à résoudre la première de ces questions, et il y a probablement beaucoup à faire pour la meilleure fabrication du gaz. Mais c'est à l'État qu'il incombe, afin que les résultats obtenus ne restent pas incomplets, de faire construire, au milieu d'une plaine faisant partie de son domaine, un lieu où le ballon pourra être maintenu plein de gaz, prêt à partir, remisé en un mot.

Qu'il nous soit permis d'exprimer un regret, c'est que le dégonflement du ballon ait eu lieu dès son arrivée et qu'on n'ait pas pu le maintenir plein d'hydrogène, de manière à étudier les effets de l'endosmose gazeuse et apprécier les changements qu'apporterait le temps dans la nature du gaz qu'il renferme et dès lors dans sa force ascensionnelle. Il serait extrêmement désirable de voir si les vernis solubles dans l'eau dont on a combiné l'action avec le caoutchouc, d'après le conseil de nos confrères Dumas et H. Deville et les travaux importants de M. Troost qui a soumis à une étude rigoureuse quelques données fournies par M. E. Granier, lors de l'exposition de 1867, donnent, pour la conservation des gaz avec ces grandes surfaces, des résultats aussi remarquables que ceux qu'on a obtenus dans des expériences en petit. C'est là un genre d'étude qu'il ne faudrait pas négliger dans une nouvelle ascension.

Quant à la continuation des expériences pour la direction, il est évident qu'il y a lieu à de nouveaux essais pour substituer une machine motrice au poids des hommes de l'équipage qui ont fonctionné dans cette première ascension. M. Dupuy de Lôme assure qu'avec ce même poids on pourrait obtenir une force de huit chevaux qui ferait faire à son ballon vingt-deux kilomètres à l'heure dans un air supposé immobile. Cette vitesse permettrait dans les jours calmes, et il y en a beaucoup de ce genre dans l'année, d'aller dans la direction qu'on aurait choisie et de revenir au point d'où l'on serait parti.

En résumé, Monsieur le Ministre, nous ne pouvons mieux

terminer le rapport que nous avons l'honneur de vous adresser, qu'en disant que M. Dupuy de Lôme a rigoureusement tenu tout ce qu'il avait promis, et qu'il est heureux de voir une si grande et si belle expérience montrer, par les résultats obtenus, la justesse des prévisions sur lesquelles elle avait été fondée. Vos sympathies sont acquises à ce genre d'étude, et nous désirons vivement que vous puissiez obtenir des pouvoirs publics les moyens de la compléter.

Nous avons l'honneur d'être, avec respect,

  Monsieur le Ministre,

   vos très-humbles et très-obéissants serviteurs,

Signés : BALARD, H. SAINTE-CLAIRE DEVILLE, DELAUNAY, JAMIN, Général B^{on} DE BERKHEIM, DUMESNIL, BOUIN.

Composition de la Commission nommée par le Ministre de l'Instruction publique.

MM. BALARD, président.	
H. SAINTE-CLAIRE DEVILLE,	
DELAUNAY,	*Membres de l'Académie des Sciences.*
JAMIN,	
B^{on} DE BERKHEIM,	*Général commandant l'artillerie de Paris.*
DUMESNIL,	*Directeur de l'Instruction supérieure au Ministère de l'Instruction publique.*
BOUIN,	*Directeur de la comptabilité au Ministère de l'Instruction publique.*

PLANCHE I.

LÉGENDE.

A A   Plan horizontal auquel se termine la chemise.

b b b   Points d'attache des capitales du filet porteur sur la collerette de la chemise.

c c c   Points d'attache des capitales du filet de balancine au bas de la chemise.

K K K   Surface supérieure du ballonnet.

r r r   Ligne d'intersection de la surface du ballonnet avec celle du ballon.

l l l   Lieux géométriques des pointes des mailles du filet porteur.

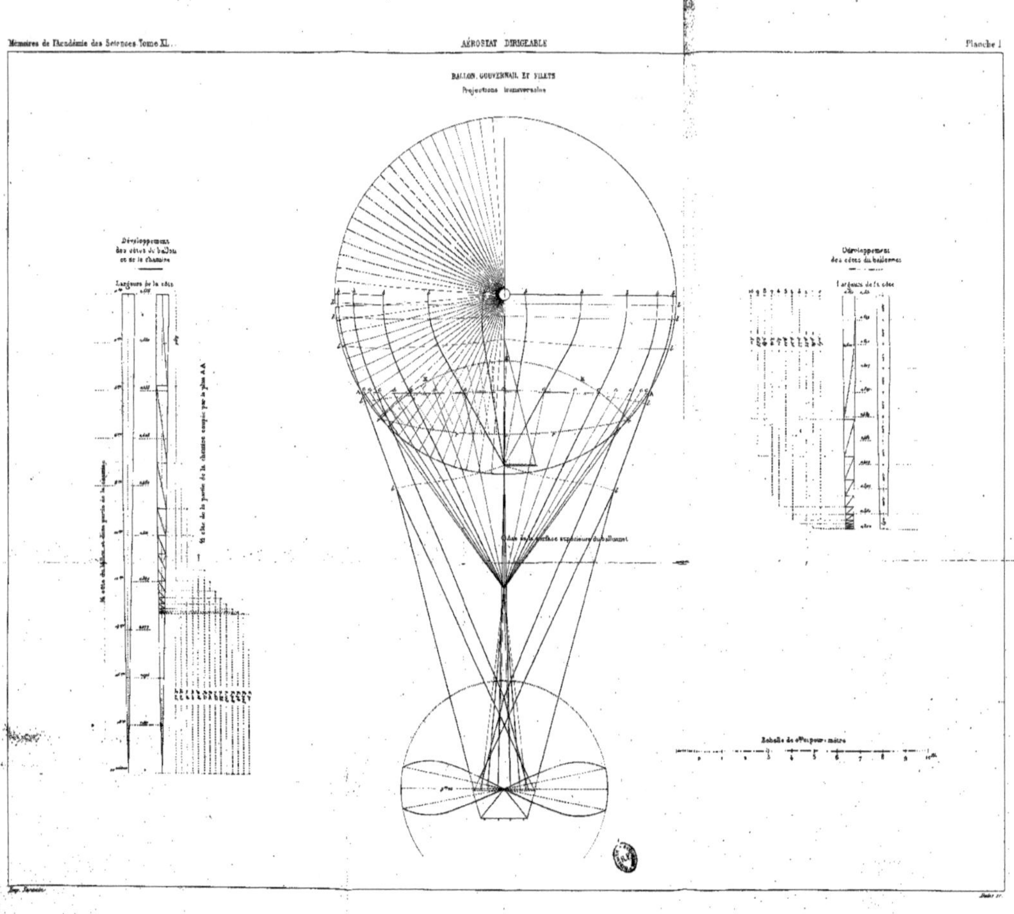
BALLON, GOUVERNAIL ET FILETS
Projections transversales
Développement des côtés du ballon et de la chaîne
Largeur de la côte
Développement des côtes du ballonnet
Largeur de la côte
Échelle de 0m05 pour 1 mètre

PLANCHE II.

A A Plan horizontal auquel se termine la chemise.
b b b Points d'attache du filet porteur sur la collerette de la chemise.
c c c Points d'attache du filet de balancine au bas de la chemise.
d d d Rubans appliqués sur la chemise.
E Gouvernail.
K K K Surface supérieure du ballonnet.
r r r Ligne d'intersection de la surface du ballonnet avec celle du ballon.
S S Soupape d'évacuation du gaz hydrogène.
S′ Soupape à air du ballon.
T Tuyau d'insufflation de l'air dans le ballonnet.
T′T′ Tuyaux pendentifs en communication avec l'hydrogène et restant ouverts par le bas.

Nota. — La charge de la soupape à air S′, s'ouvrant du dedans au dehors, doit être comprise entre deux limites satisfaisant aux conditions suivantes :

1° Il faut que cette charge soit assez forte pour permettre de soulever totalement le ballonnet, le ballon porteur étant plein d'hydrogène jusqu'aux points H des pendentifs T′ T′ au niveau du bas du ballon ;

2° Il faut que, le ballonnet étant aplati et le ballon plein d'hydrogène, l'air insufflé soulève la soupape S′ plutôt que de chasser l'hydrogène par le bas des pendentifs T′ T′.

Il s'ensuit une longueur minimum des pendentifs en fonction de la hauteur du ballonnet.

Avec le ballonnet dessiné, l'hydrogène supposé a une densité de 190, descendant au point H ; la pression en K, par mètre carré, sera 4.70×1100^{gr} $= 5^k 170$, plus le poids de l'étoffe par mètre carré qui est de $0^k 340$, total $5^k 510$: soit, pour charge de la soupape S′, $6^k 000$ par mètre carré.

Pour satisfaire à la seconde condition, il faut que la pression due à la colonne H′, pleine de gaz hydrogène, soit plus grande que $6^k 00$.

On arrivera à ce résultat avec une marge satisfaisante en prenant H H′ $7^m 42$, ce qui, avec une force ascensionnelle de l'hydrogène supposée à 1100 grammes, donne $8^k 16$ par mètre carré.

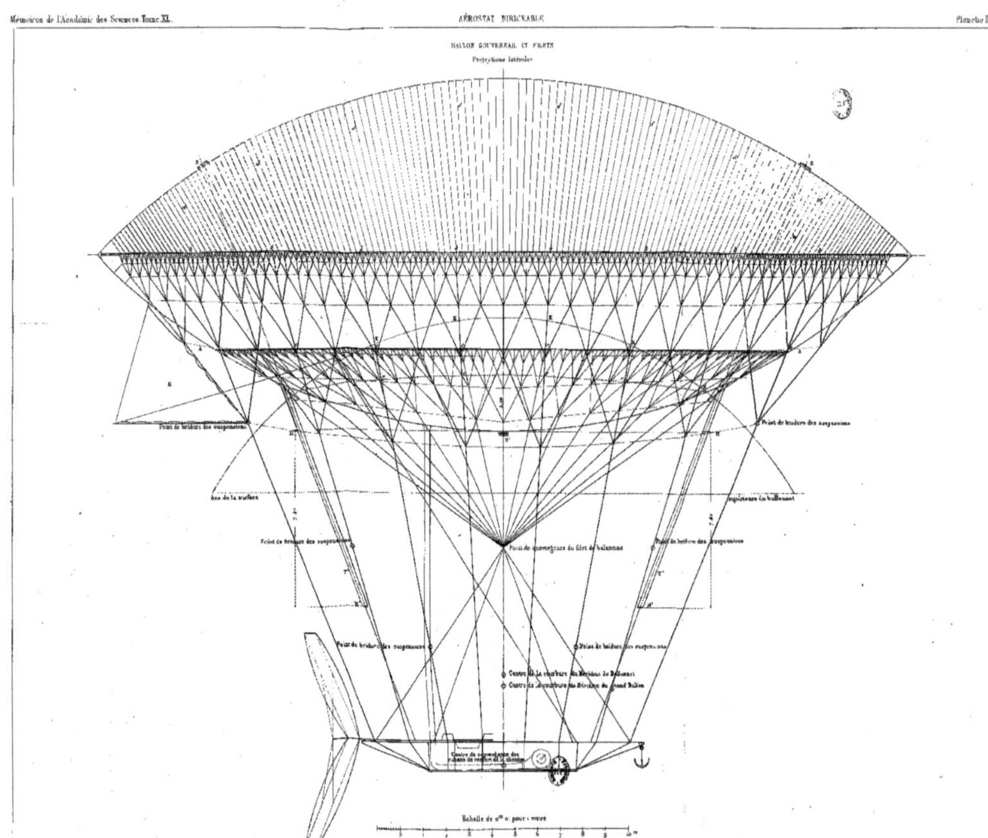
BALLON GOUVERNAIL ET FILETS
Projections latérales
Point de bridure des suspensoirs
Point de bridure des suspensoirs
Axe de la surface
supérieure du ballonnet
Point de bridure des suspensoirs
Point de convergence du filet de balances
Point de bridure des suspensoirs
Point de bridure des suspensoirs
Point de bridure des suspensoirs
Centre de la courbure des Méridiens de Balances
Centre de courbure des Méridiens du grand Ballon
Centre de convergence des
Mâts de charge
Échelle de 0,01 pour 1 mètre

PLANCHE III.

A A A Plan horizontal auquel se termine la chemise.

d d d Bridure des deux côtés de la chemise entre eux.

r r r Ligne d'intersection de la surface du ballonnet avec celle du ballon.

G G G Points de bridure des grandes suspensions entre elles.

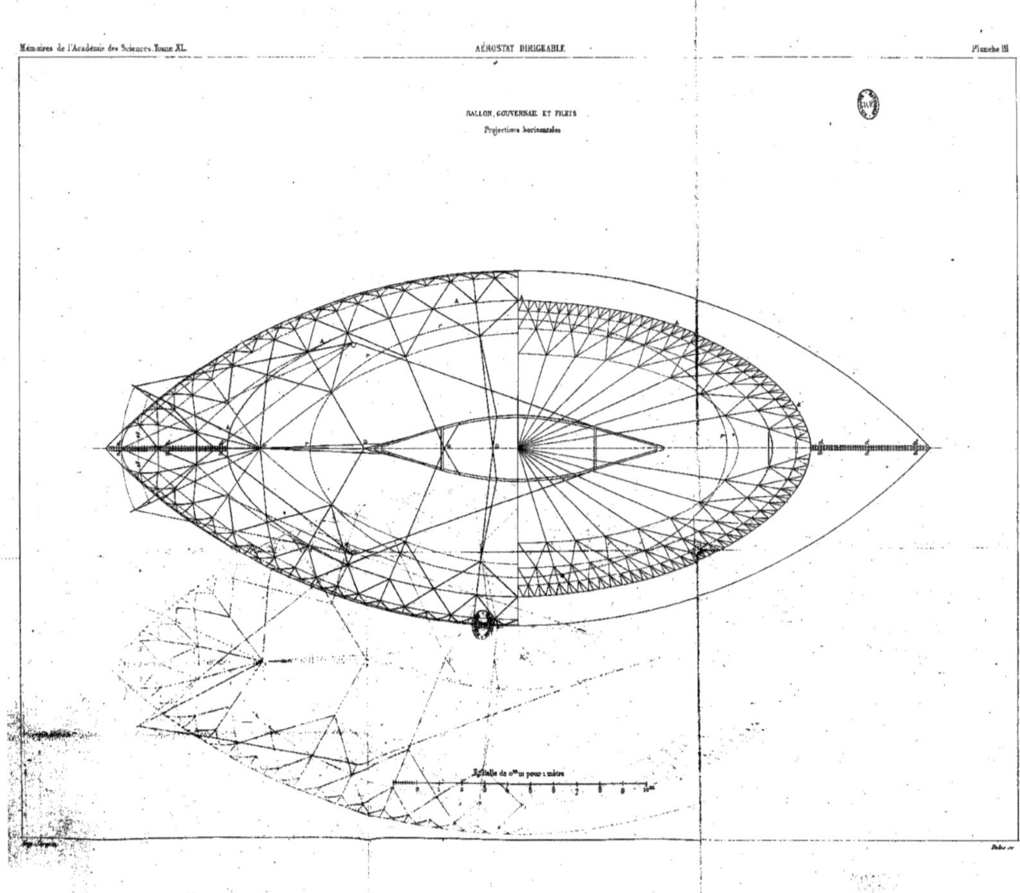

BALLON, GOUVERNAIL ET FILETS
Projections horizontales
Échelle de 0m01 pour 1 mètre
0   1   2   3   4   5   6   7   8   9   10m

PLANCHE IV.

Le bas de la patte d'oie n° 4 est bridé, au point A, à se toucher avec celui de la patte d'oie symétrique de l'autre côté.

La distance du point de bridure A aux points d'attache de la suspente avec les brancards de la nacelle, à la hauteur de l'axe de l'hélice, est de 14^{m}45.

La suspente descendant du point B de la patte d'oie n° 3 est reliée à se toucher avec la suspente symétrique de l'autre côté, à une distance du point B, mesurée sur la suspente, égale à 5^{m}40.

La distance de ce point de bridure aux points d'attache avec les brancards de la nacelle, à la hauteur de l'axe de l'hélice, est de 8^{m}60.

La suspente descendant du point C de la patte d'oie n° 3 est reliée à se toucher avec la suspente symétrique de l'autre côté à une distance du point C, mesurée sur la suspente égale à 9^{m}70.

La distance du point de bridure aux points d'attache avec la nacelle, à la hauteur de l'axe de l'hélice, est de 4^{m}05.

Du point B, pied de la patte d'oie n° 1, descendent deux suspentes inégales allant à droite et à gauche de la nacelle; leur longueur mesurée toujours à la hauteur de l'axe de l'hélice,

est de { pour un côté 13^m 84,
{ pour l'autre 12 92.

La corde n° 0 pèse le mètre..... 2^{gr} 93)
— 1 — 5 87 |
— 2 — 11 79 } en soie.
— 3 — 24 60 |
— 4 — 50)

Les suspentes A, B, C, D, simples ou doubles suivant la légende ci-dessus, sont en chanvre goudronné, pesant le mètre 110 grammes.

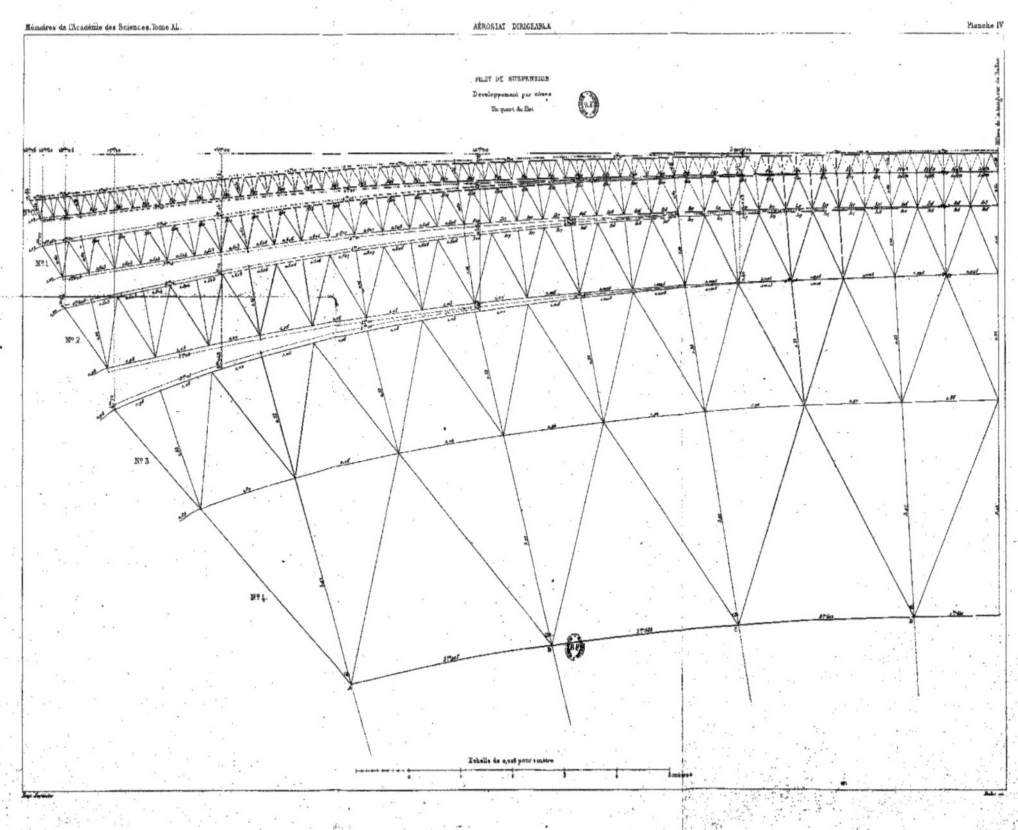
FILET DE SUSPENSION
Développement par zônes
Un quart du filet
Nº 1
Nº 2
Nº 3
Nº 4
Échelle de 0,02 pour 1 mètre

PLANCHE V.

Partie du filet A en corde de soie pesant 2^{gr} 20 le mètre.
      —   B   —   2 93
      —   C   —   5 87
Suspension S en corde de chanvre goudronné pesant 24 gr. le mètre.
Les huit balancines de la nacelle sont en chanvre goudronné pesant 100 grammes le mètre.
Les longueurs de ces huit balancines, mesurées du centre de convergence O au plan horizontal passant par l'axe de l'hélice, sont :
    Pour les quatre longues, chacune de 9^{m} 95
    Pour les quatre petites, chacune de 8   775

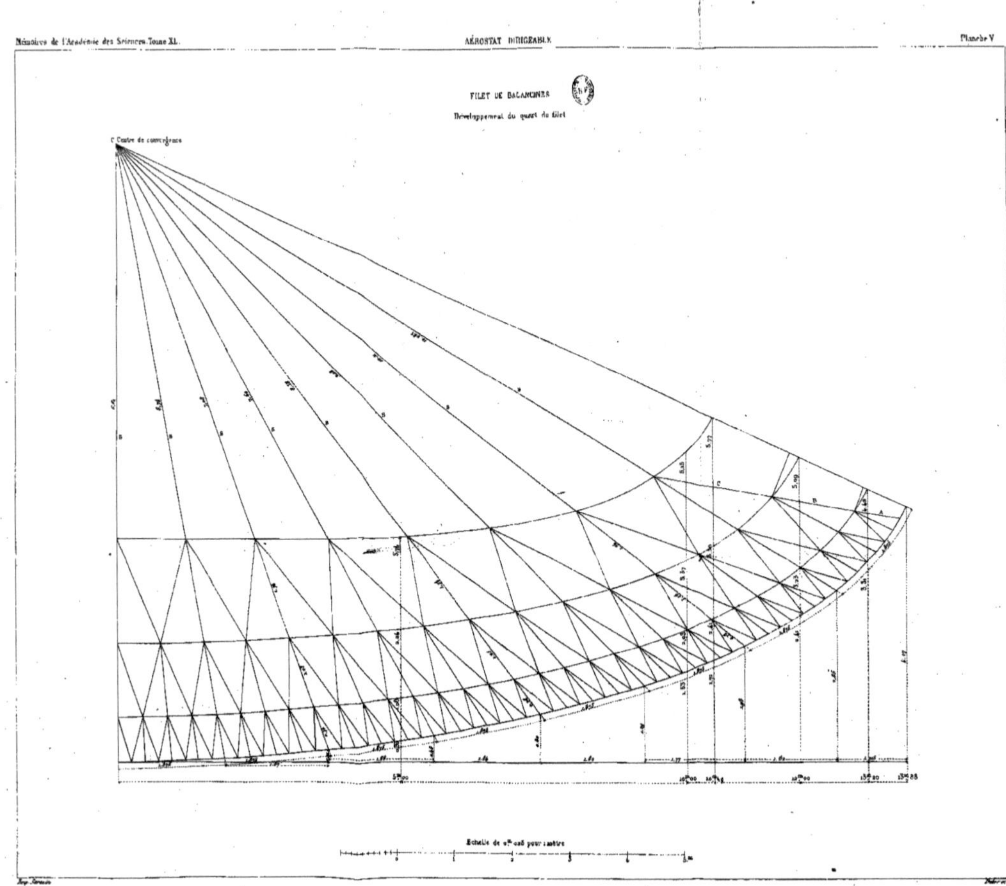
FILET DE BALANCINES
Développement du quart du filet
C Centre de convergence
Échelle de 0,025 pour 1 mètre

d   Piqûre à la mécanique avec fil de soie, les points ayant 2 milli-
      mètres de longueur ; l'étoffe du ballon se croisant de chaque côté
      de la piqûre a été collée avec la même dissolution.

E   Taffetas naturel, identique à celui entrant dans la composition de
      l'étoffe du ballon. Les coutures de la chemise sont faites sur joints
      collés à la dissolution de caoutchouc avec des piqûres en quin-
      conce au fil de soie fin. Ces coutures sont croisées par des rubans
      de soie de 24 millimètres de largeur, collés et cousus sur la
      chemise.

F   Collerette du filet porteur, composée de la même étoffe que le ballon
      et rapportée sur le taffetas de la chemise (*fig.* K).

F′   Collerette du filet de balancine en même étoffe que le ballon et rap-
      portée au bas de la chemise (*fig.* K′).

g g g′g′ Bâtonnets engagés dans les collerettes et servant à répartir sur
      l'étoffe de la chemise la traction exercée par les points d'attache
      du filet.

PLANCHE VI.

LÉGENDE.

S S S   Suspensions descendant du filet de balancines au nombre de quinze
de chaque côté.

$t\ t\ t$ \
$t'\ t'\ t'$ \
Estropes portant des cabillots à leur bout supérieur, et des cosses
à leur bout inférieur pour les relier, d'une part, avec le filet de
balancines et, d'autre part, avec les huit balancines de la nacelle.

Ces estropes sont bridées énergiquement sur une moque en bois M par
quatre couches de roustures indépendantes; la première couche est en fil de
laiton.

Les bouts inférieurs t' sont assemblés par groupes de quatre pour se relier
à un même cabillot de balancines de la nacelle. Ce groupement exige que l'es-
trope centrale se subdivise en deux à la partie inférieure.

Les estropes $t\ t'$ seront toutes de même longueur, mesurant de chaque côté
$0^m 305$ à partir du milieu de la moque au-dessous des cabillots.

Les longueurs des balancines de nacelle et des suspensions S mesurées
sur les plans (2) et (5) jusqu'au centre de convergence seront diminuées en
conséquence.

Détails du ballon et de la chemise.

LÉGENDE.

A   Étoffe composée de taffetas et de nansouk avec six couches de caoutchouc interposées.

B   Bandes de nansouk collées du côté de l'intérieur par-dessus la piqûre avec une dissolution de caoutchouc dans de la benzine.

C   Bande de florence collée du côté de l'extérieur par-dessus la piqûre
avec la même dissolution de caoutchouc.

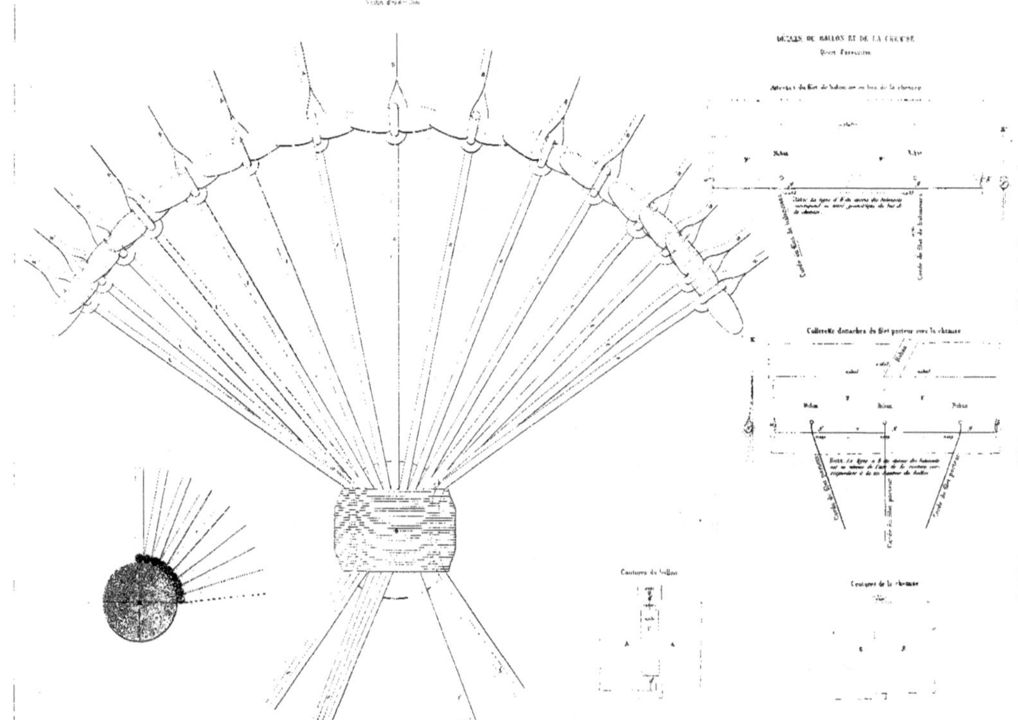

LIAISONS DES BALANCINES DE LA NACELLE AVEC LEUR FILET
DÉTAILS DU BALLON ET DE LA CHAUSSE
Collerette detachée du filet porteur avec la chausse
Contours du ballon
Contours de la chausse

PLANCHE VII.

A — Nacelle en osier.

B B — Quilles en bois de chêne.

C — Brancards en bambous.

d — Traverses en bois fixées sur les plats-bords de la nacelle, et reliées à son fond par des épontilles en bois, à têtes et pieds métalliques, pour former tirants.

d' — Traverse en bois portant le palier de butée de l'arbre de l'hélice et pouvant pivoter sur les deux coussinets extérieurs pour permettre de relever l'arbre de l'hélice au moment de toucher le sol.

e — Bridures en filin consolidant le fond de la nacelle et dont les cordes traversent les quilles pour se relier aux plats bords.

f — Treuil à bras de l'hélice pouvant recevoir huit hommes travaillant à la fois.

g — Manivelle fourchue permettant, sans démontage, le relèvement de l'arbre de l'hélice.

h — Cabillot d'attache des suspentes.

i — Bancs en bois et osier.

j — Ventilateur pour maintenir le ballon gonflé en insufflant d'air le ballonnet.

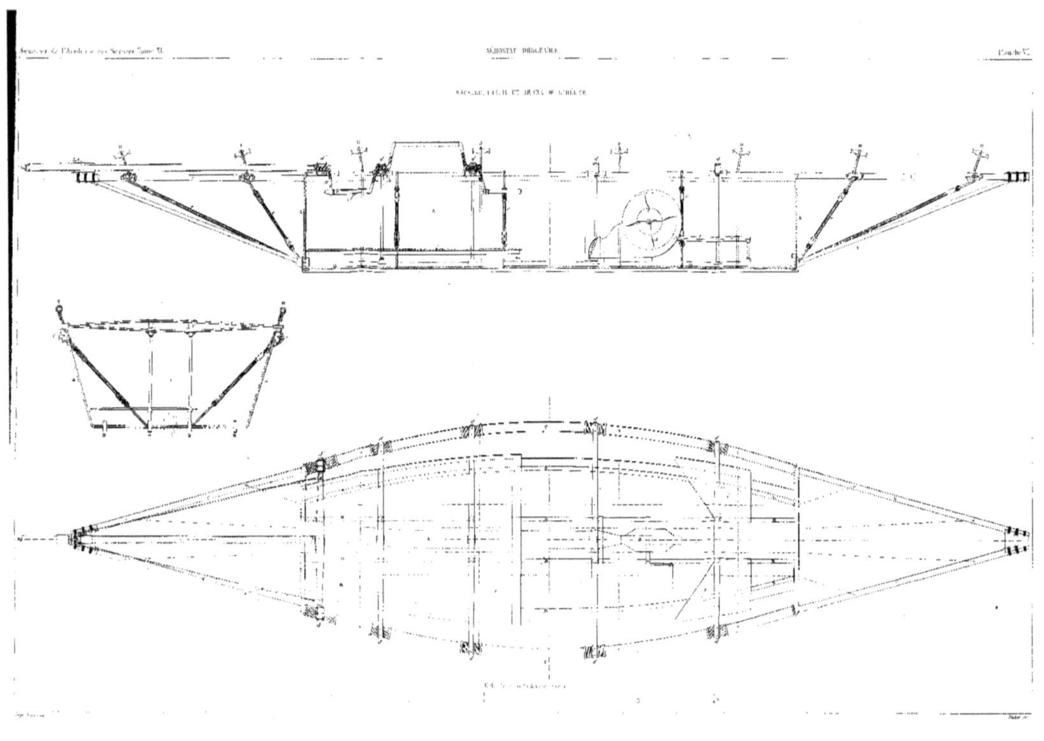

PLANCHE VIII.

LÉGENDE.

A Moyeu en bronze de l'hélice se montant et se démontant facilement
sur son arbre en fer par une seule pièce A′ vissée à l'extrémité de
cet arbre.

B Denture de ce moyeu engrenant avec la denture d'un manchon fixé
à l'arbre et produisant l'entraînement de l'hélice.

C Petits bras en bronze creux fixés sur le moyeu et servant de points
d'attache à des haubans $d\,d$ en fil de laiton consolidant les bras
de l'hélice.

$d\,d$ Haubans en fil de laiton portant des cosses pour bridures de
serrage.

$e\,e$ Grands bras de l'hélice en bois de pin.

$f\,f$ Manchons en bronze, fixés sur ces bras pour recevoir les haubans.

$g\,g$ Lattes en bois mince fixées des deux côtés sur les grands bras en
bois, et par leur extrémité sur un cadre en bois léger contournant
les ailes.

$h\,h$ Taffetas recouvrant toute la carcasse des ailes sur les faces avant et
arrière.

Nota. — La pièce A′ vissée au bout de l'arbre et servant à y fixer le moyeu
de l'hélice présente la forme d'une corne en bronze creux analogue aux petits
bras C. De l'extrémité de cette corne partent également quatre haubans en fil
de laiton, se rattachant aux mêmes manchons $(f\,f)$ sur les grands bras de
l'hélice.

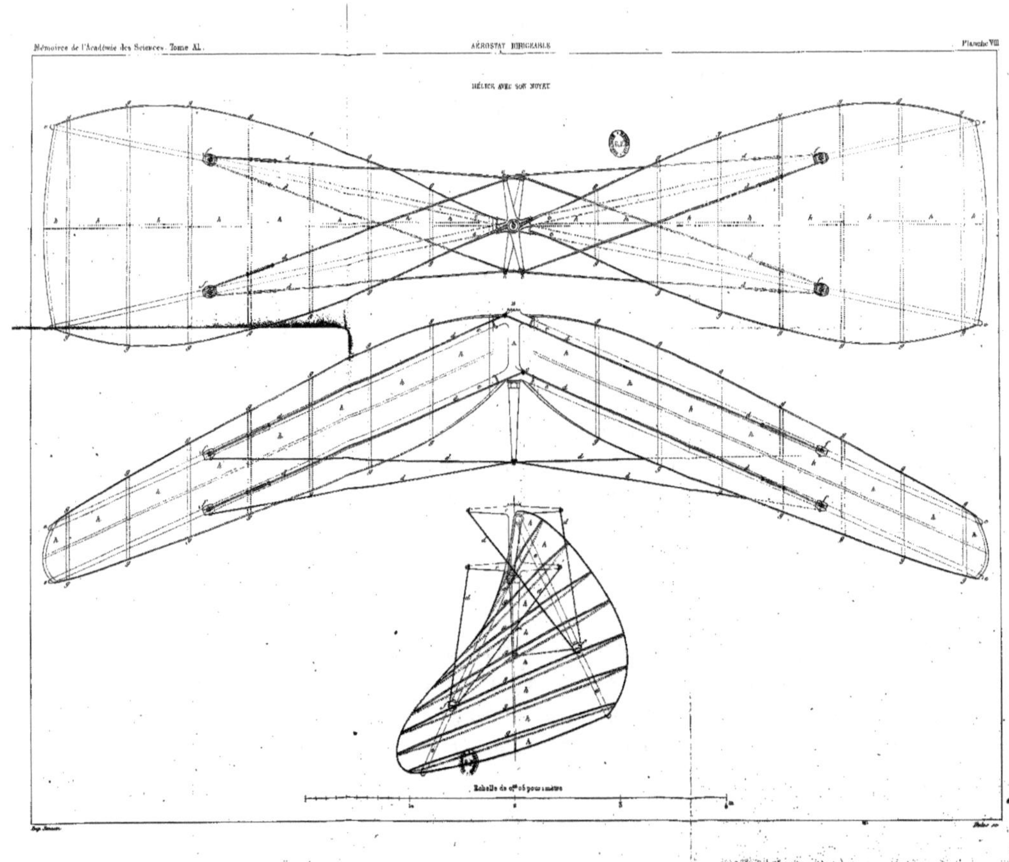

HÉLICE AVEC SON NOYAU
Échelle de 0,05 pour 1 mètre

D   Clapet en même étoffe que le ballon, avec cadre en bois, pour retenir
     l'air.

Les ailes du ventilateur font 500 tours pour 20 tours de la manivelle. La
pression de l'air dans le tuyau de refoulement, à l'allure de 20 tours de manivelle par minute, atteint 4 centimètres d'eau ou 40 kilogrammes par mètre
carré.

Un homme suffit facilement à maintenir cette allure pendant le temps nécessaire pour remplir d'air le ballonnet.

PLANCHE IX.

Disposition de l'appareil pour produire le gaz hydrogène.

LÉGENDE.

A A   Deux groupes de 40 futailles chacun alternant leur action pour la production du gaz.

b b b b   Futailles d'une capacité de 690 litres.

c c c   Tuyau amenant l'eau, et muni de branchements pour l'introduire dans
chaque futaille.

d d d   Bondes pour introduire la tournure de fer.

e e e   Entonnoirs avec tuyaux plongeurs en plomb pour verser l'acide sulfurique.

f f f   Tuyau de sortie du gaz hydrogène.

g g   Tuyau collecteur du gaz hydrogène.

H   Laveur et réfrigérant du gaz hydrogène.

i   Conduit du gaz du laveur au sécheur.

j   Sécheur du gaz contenant quatre claires-voies chargées de chaux vive
répandue sur de la mousse.

k   Boîte en verre contenant un hygromètre et du papier tournesol.

l   Conduit du gaz vers le ballon.

m m m   Bondes de vidange des futailles.

n n   Caniveau d'évacuation des eaux-mères et de l'eau de lavage.

Ventilateur d air pour le ballonnet.

LÉGENDE.

A   Caisse du ventilateur en feuilles de laiton renforcées par des cor-
nières en bronze.

B   Ailes en laiton.

C   Roues d'engrenage en bronze.

DISPOSITION DE L'APPAREIL POUR PRODUIRE LE GAZ HYDROGÈNE

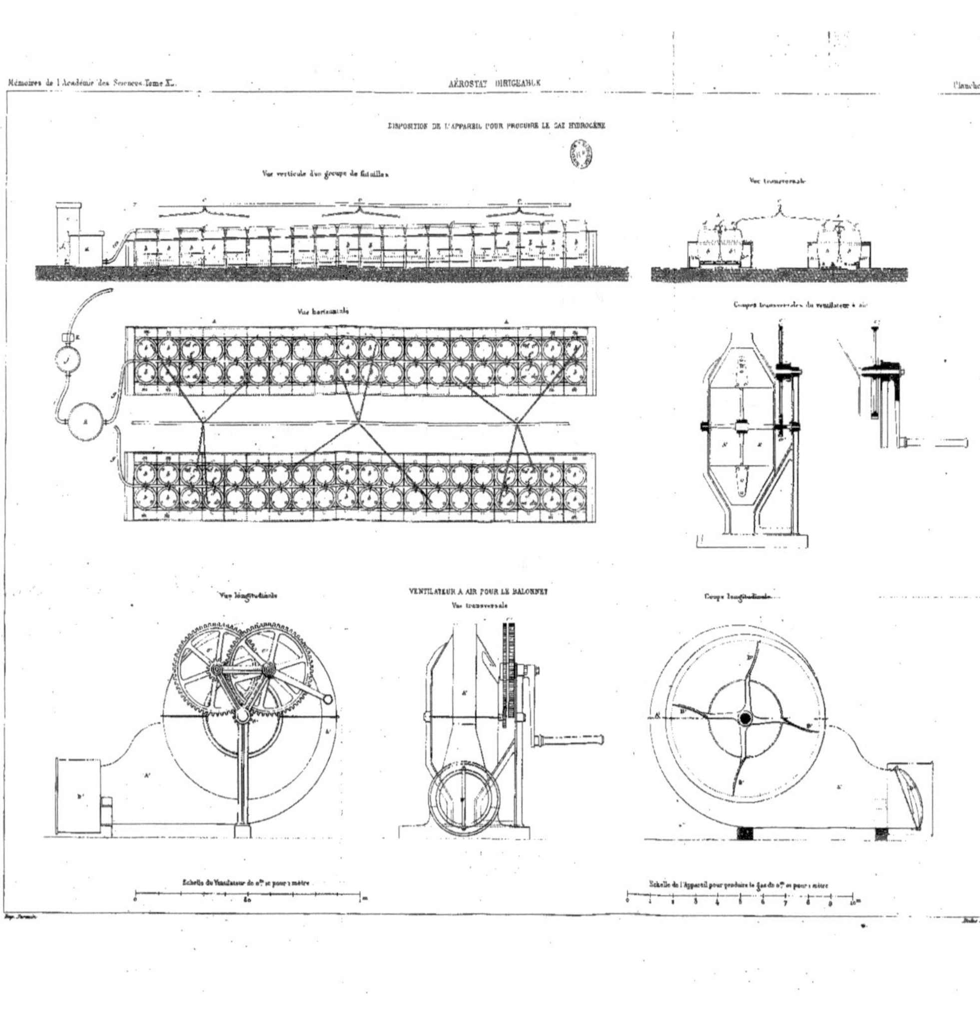